KLAUS MERTES

HERZENSBILDUNG

KLAUS MERTES

HERZENSBILDUNG

Für eine Kultur der Menschlichkeit

HERDER

FREIBURG · BASEL · WIEN

MIX
Papier | Fördert gute Waldnutzung
FSC® C014496

www.herder.de

Satz: Daniel Förster, Belgern
Herstellung: GGP Media GmbH, Pößneck

Printed in Germany

ISBN Print 978-3-451-39792-9
ISBN E-Book (EPUB) 978-3-451-83478-3

Inhalt

I. HERZENSBILDUNG

Das Gleichnis vom »barmherzigen Samariter« gehört zu den bekanntesten Texten der Weltliteratur. Es erzählt die einfach klingende und doch sehr hintergründige Geschichte von einem Mann, der auf dem Weg von Jerusalem nach Jericho von Räubern überfallen wurde: »Sie zogen ihn aus, schlugen ihn wund, machten sich davon und ließen ihn halbtot liegen. Zufällig ging ein Priester auf jenem Weg hinunter, sah ihn an und ging vorüber. Desgleichen auch ein Levit. Der kam an den Ort; auch er sah ihn an und ging vorüber. Ein Samariter, der unterwegs war, kam ebendahin, sah ihn an, und es war ihm weh ums Herz. Er trat hinzu, verband seine Wunden und goss Öl und Wein darauf. Dann setzte er ihn auf sein Reittier, brachte ihn zum Wirtshaus und versorgte ihn. Am anderen Morgen zog er zwei Denare heraus, gab sie dem Wirt und sprach: Versorge ihn, und was du etwa dazuhin aufwendest – ich gebe es dir zurück, wenn ich wieder herkomme.«[1] (Lk 10,30–35)

Ins Auge springt das dreifache »er sah ihn an«. Die Weise, wie der Mann aus Samarien sieht, unterscheidet sich allerdings vom Sehen des Priesters und des Leviten. Die unterschiedlichen Reaktionen machen das deutlich. Die einen gehen weiter, der andere bleibt stehen und wendet sich zu. Der Priester und der Levit »haben Augen und sehen nicht« (Mt 13,5), der Samariter hingegen hat Augen und sieht. Er sieht mit dem Herzen, entsprechend dem bekannten Wort aus dem *Kleinen Prinzen*: »Man sieht nur mit dem Herzen gut. Das Wesentliche ist für die Augen unsichtbar.« (Antoine de Saint Exupéry) Herzensbildung besteht in dieser spezifischen Wahrnehmungskompetenz.

Das ansprechbare Herz

Was hindert den Priester daran, mit dem Herzen zu sehen? Shalom Ben Chorin vermutet, dass er den Mann für tot hält. Er weicht ihm aus, um sich nicht zu verunreinigen. Wenn er den Leichnam berühren würde, könnte er für einige Zeit nicht mehr am Tempeldienst teilnehmen.[2] Das gilt auch für den Leviten. Denn auch er steht ja im Dienst des Tempels, zum Beispiel als Chorsänger. In beiden Fällen läge also die Pointe in der Gegenüberstellung »Ritual contra Herzenspflicht«.[3]

Der Priester und der Levit geben dem Ritual den Vorrang. Ihre Entscheidung steht, so gesehen, für mehr. Sie steht für eine Haltung. Die Haltung ist es, die mehr oder weniger blind macht. Vielleicht spüren die beiden Kleriker noch den leisen Impuls in ihrem Herzen, der ihnen zuflüstert: »Es könnte sein, dass der Mann nicht tot ist, sondern ohnmächtig.« Aber diese innere Stimme ist zu schwach angesichts des hohen Interesses daran, rechtzeitig und vor allem rein den Dienst im Tempel anzutreten. In ihrem Herzen, so könnte man sagen, haben sie bereits anders entschieden, bevor sie sich auf den Weg nach Jericho machten. Ihr Herz war beim Tempel. »Wo dein Schatz ist, da ist auch dein Herz.« (Mt 6,21) Oder vielleicht präziser: Ihr Herz war bei einer Pflicht, die für sie keine Ausnahme zuließ. Das machte ihre Haltung aus.

Der Samariter hingegen »sieht«. Es ist ihm »weh ums Herz«, und er geht hin. Vielleicht hat auch er eine Pflicht, der er eigentlich nachkommen müsste. Aber sie hält ihn nicht davon ab, dem inneren Impuls in dieser konkreten Situation den Vorrang zu geben und zu handeln. Dahinter steht eine Haltung: Sensibilität für Leiden kommt vor Regelsensibilität. Auch sinnvolle Regeln und Verpflichtungen müssen zurückstehen können, wenn die Möglichkeit besteht, ein Leben zu retten.

Für den Gesetzeslehrer, der das Gespräch mit Jesus und damit auch die Erzählung einleitete, enthält das Gleichnis noch eine weitere Provokation. Ihm, einem jüdischen Gesetzeslehrer, wird ausgerechnet ein Mann als Vorbild vorgehalten, der aus Samarien stammt. Das Verhältnis von Juden und Samaritern ist ja beiderseits angespannt. Wenn im Gleichnis nun ausgerechnet der Samariter im Unterschied zu den jüdischen Klerikern der Herzenspflicht folgt, ist ein weiteres Thema angesprochen. Die Frage, die der Gesetzeslehrer stellte, lautete ja: »Wer ist mein Nächster?« Zunächst einmal, so die Antwort im Gleichnis, einfach »ein Mann«, oder auch einfach »ein Mensch«, eben derjenige Mensch, der gerade halbtot am Wegesrand liegt. Jeder und jede könnte also »mein Nächster« sein, eben diejenige Person, über die ich gerade stolpere oder die sich mir gerade in den Weg stellt.

Es kommt aber noch etwas hinzu. Die Gegenfrage, die Jesus dem Gesetzeslehrer am Ende des Gleichnisses stellt, lautet: »Wer von diesen dreien, meinst du, ist dem zum Nächsten geworden, der von den Räubern überfallen wurde?« Nun richtet sich das Scheinwerferlicht auf den Samariter, nicht mehr auf den halbtot geschlagenen Mann. *Er* ist dem Menschen am Wegesrande zum Nächsten geworden. Er, der Samariter, hat nämlich nicht gefragt, ob der geschlagene Mann am Wegesrand ein Jude, Römer, Grieche oder Samariter ist. Er hat diese Unterscheidung hinter sich gelassen. Er war offen für den Moment, ohne sicherheitshalber zu sortieren. Man kann daraus auf einen spontanen »menschlichen« Impuls schließen. Aber vielleicht steckt auch mehr dahinter, etwas, das mit Bildung im weitesten Sinne zu tun hat. Menschen nicht zu sortieren gehört zu seiner Haltung.

Die Frage, wer »mein Nächster« ist, wird bereits in der Tora diskutiert. Sie ist nie ganz ausdiskutiert, weil sie den Verstand immer »belästigen« (Immanuel Kant) wird. »An den Kindern deines Volkes sollst du dich nicht rächen und ihnen nichts nachtragen. Du sollst deinen Nächsten lieben wie dich selbst.« (Lev 19,18) Hier ist von den Kindern des eigenen Volkes die Rede. Das ist eine ziemlich weitgehende Einschränkung des Personenkreises, für den die Pflicht zur Nächstenliebe gelten soll. Nächstenliebe in diesem Sinne kann dann durchaus zusammengehen mit Gleichgültigkeit gegenüber denen, die nicht zu den »Kindern meines Volkes« gehören. Die Einschränkung auf die Kinder des eigenen Volkes wird allerdings in der Tora einige Zeilen später aufgehoben: »Der Fremde, der sich bei euch aufhält, soll euch wie ein Einheimischer gelten, und du sollst ihn lieben wie dich selbst.« (Lev 19,34) Doch damit sind wiederum nicht alle Fragen erledigt. Diskutiert wird weiterhin, ob mit dem »Fremden« (hebräisch: *ger*) auch schon der »Ausländer« (*nokri*) gemeint ist oder nicht. Zwar sind »Ausländer« in der Tora nicht rechtlos, aber eine Spannung zum »Fremden« bleibt dennoch bestehen, sofern unter dem »Fremden« der innerisraelitische Migrant zu verstehen ist.

Das führt zu der Frage, ob es eigentlich überhaupt erlaubt ist, zwischen dem Nahen, dem Näheren und dem Nächsten zu unterscheiden. Heute ist das Thema in der Migrationsdebatte besonders virulent. Haben Staat und Politik höhere Pflichten gegenüber den Angehörigen des eigenen Volkes als gegenüber Personen aus anderen Völkern, die die Grenze überschreiten, weil sie vor der Verfolgung oder Armut im eigenen Lande fliehen? Unvergessen ist die Szene im Juli 2015 zwischen Angela Merkel und einer Schülerin der Rostocker Paul-Friedrich-Scheel-Schule. Reem Sahwil ist mit ihrer Familie aus Palästina in den Libanon und von dort aus nach Deutschland geflohen. Sie erzählt der Bundeskanzlerin während eines Bürgerdialogs vor laufenden Kameras ihre Geschichte. Seit vier Jahren lebt sie in Rostock, sie will studieren und ihre Zukunft planen »so wie jeder andere auch«. Aber sie und ihre Familie können jeden Moment in den Libanon abgeschoben werden. Die Kanzlerin steckt in einer Klemme. Sie ist einerseits bewegt: »Du bist ein unheimlich sympathischer Mensch«, aber andererseits muss sie hart bleiben oder meint hart bleiben zu müssen, da ihr der hoheitliche Gestus eines spontanen, man könnte auch sagen: eines willkürlichen Gnadenaktes aus naheliegenden Gründen verwehrt ist. Sie sagt zu Reem: »Das ist manchmal auch hart – Politik.« Und weiter: Es könnten nicht alle kommen, das schaffe Deutschland einfach nicht; im Libanon und in Afrika säßen noch Tausende. Die Schülerin nickt, und dann fängt sie an zu weinen. Die Kanzlerin zögert kurz, geht auf Reem zu. »Du hast das doch prima gemacht«, sagt sie und will die Schülerin trösten. Der Moderator schaltet sich ein: »Ich glaube nicht, Frau Bundeskanzlerin, dass es da ums Prima-Machen geht.« Es gehe um die belastende Situation. »Das weiß ich, dass das eine belastende Situation ist, und deswegen möchte ich sie trotzdem einmal streicheln«, sagt Merkel – und streichelt Reem.

Auch wenn das Herz Not sieht, kommt es an Abwägungsvorgängen nicht vorbei. Im Falle des Samariters ist die Lösung einfach: Hingehen, helfen, sorgen. Und dann weitergehen. Der Samariter scheint ein wohlhabender Mann zu sein, vielleicht ein Händler. Er kann aus der Fülle schöpfen. Und er scheint in dieser Situation für sich allein stehen und für sich allein handeln zu können. Er nimmt niemandem etwas, wenn er gibt, weil das, was er gibt, nichts ist, worauf andere einen Anspruch haben könnten, etwa seine Kinder, seine Familie oder andere Personen: Angestellte, Gläubiger, wer auch immer. Spontane Regungen des Herzens können aber in Zielkonflikte führen, wenn dritte und vierte Personen in meine Entscheidung mit hineingezogen werden. Menschen handeln in der Regel nicht für sich allein. Spätestens dann aber, wenn es um mehr geht als um zwei Personen, kommt die Kategorie der Abwägung mit ins Spiel. Wem entziehe ich mich, wenn ich mich einer anderen Person zuwende? Wem enthalte ich etwas vor, wenn ich gebe? Manchmal sind da Kompromisse nicht möglich. Not und Liebe fordern Entscheidungen heraus, die nur dann stimmen, wenn sie nicht halbherzig erfolgen. Das Gleichnis vom barmherzigen Samariter stellt zwar die Herzenspflicht über die Folgsamkeit gegenüber dem Ritual. Aber das lässt sich nicht verallgemeinern, zumal nicht jeder gefühlte Anspruch an mich schon meine Herzenspflicht ist. Um hier unterscheiden zu können, bedarf es also der Offenheit für Abwägungsprozesse, auch auf der Ebene des Herzens.

Für Abwägungsprozesse braucht es Gründe für die eine und Gründe für die andere Richtung. Das gilt auch für die Abwägung auf der Ebene des Herzens. Blaise Pascal brachte es auf den Punkt: »Le cœur a ses raisons que la raison ne connaît point – Das Herz hat seine Gründe, die die Vernunft nicht kennt.«[4] Die Gründe des Herzens lassen sich nicht auf die Begriffe der Vernunft bringen, jedenfalls nicht diejenige Sorte von Vernunft, wie sie Pascals Zeitgenosse René Descartes verstand. Herzensgründe haben ihre eigene Logik. Sie stehen eher für Ausnahmen als für Regeln. Sie lassen Widersprüche zu. Aber gerade deswegen sind sie noch lange nicht bloß irrational. Die Logik des Herzens ist eine Logik eigener Art. Die biblische Tradition bringt das zum Ausdruck, indem sie – im Unterschied zu den platonischen Traditionen – den Verstand im Herzen ansiedelt, nicht im Kopf.

Beide Logiken – die des Herzen und die des Verstandes – sind einander nicht hierarchisch zugeordnet, so als ob die eine Logik die andere beherrschen könnte. Es bleibt dem Herzen Spielraum gegenüber der Vernunft mit ihren allgemeinen, widerspruchsfreien Geltungsansprüchen. Das ist nicht antirational gemeint. Herz steht nicht gegen Vernunft, wie es dumme Sprüche nahelegen nach dem Motto: »Wenn das Herz brennt, rußt der Verstand.« Gerade das gebildete Herz weiß, dass es sich nicht so verhält. Im besten Fall reichen einander Herz und Vernunft die Hand, und für den Fall von Spannungen zwischen beiden gibt es keine einfachen Lösungen durch prinzipielle Vor- oder Nachordnung des Verstandes vor dem Herzen oder umgekehrt.

In der ignatianischen Tradition hat das komplexe Zusammenspiel der beiden Logiken in dem Modell von drei Erkenntnisstufen Ausdruck gefunden, auf denen Entscheidungen getroffen werden. Ich stelle mir zur Veranschaulichung den Samariter vor, der den geschlagenen Mann ansieht, aber zugleich auch weiß und spürt, dass er ernst zu nehmende Pflichten hat, die ihn dazu drängen, weiterzugehen. Die rationale Abwägung auf der Ebene der Vernunft ist die erste Stufe, die ihm zur Verfügung steht. Dort werden Pro- und Contra-Argumente abgewogen und bilanziert. Auf der zweiten Stufe geht es um »spüren und verkosten«[5] der inneren »Bewegungen«,[6] ein nach innen hin gerichteter Vorgang. Auf dieser Stufe lässt der Samariter das Besondere der Situation an sich heran und versucht, es innerlich zu erfassen. Er spürt, wie sich die beiden Waagschalen in seinem Inneren hin- und herbewegen, bis sich ihm zeigt, auf welche Seite der beiden Alternativen die innere Waage sich neigt. Solche Reflexion setzt innere Freiheit gegenüber äußerem Druck voraus, eine spezifische Form von Festigkeit, die zur Herzensbildung dazugehört. Und schließlich gibt es die dritte Stufe der Erkenntnis durch unmittelbare Evidenz.[7] Hier muss nicht mehr abgewogen werden, denn es besteht zweifelsfreie Klarheit. Man kann sich den Samariter auf allen drei Stufen der Erkenntnis vorstellen. Jedenfalls: Indem er sich dem Menschen in Not zuwendet, ist *er* es, der dem Menschen zum Nächsten geworden ist, und zwar durch seine Entscheidung. Ignatius würde sagen: durch seine »Wahl«.

Es gibt noch ein Argument dafür, Differenzierungen im Begriff des Nächsten zuzulassen und zu reflektieren: Nur ein Allgegenwärtiger kann sich allen Menschen als Nächster zuwenden. Menschen sind nicht allgegenwärtig. Der Samariter befindet sich nicht überall, sondern auf einem bestimmten Weg, und er wendet sich *einem* Halbtoten zu, nicht allen, nicht einmal allen anderen Halbtoten auf dem Weg. »Sie zogen ihn aus, schlugen ihn wund, machten sich davon und ließen ihn halbtot liegen.« Der Samariter geht eine besondere Verantwortung gegenüber diesem einen Menschen ein. Er kann die Verantwortung nicht abschütteln, wenn er den nächsten Geschlagenen am Wegesrand sieht, um sich dann diesem zuzuwenden. Wer Verantwortung für andere Menschen übernimmt, schränkt sich damit auch in seinen Handlungsmöglichkeiten ein.

Die Logik des Herzens drängt zu Entscheidungen. Diese haben in der Folge auch einen exklusiven Aspekt. (Ehe-) Partner haben einander gegenüber höhere Pflichten als gegenüber Menschen, mit denen sie nicht verheiratet oder sonst wie verbunden sind. Eltern haben höhere Pflichten gegenüber ihren eigenen Kindern als gegenüber den Kindern anderer Eltern. Die eigenen Kinder sind ihnen die »Nächsten« geworden. Sie haben keinen Erziehungsauftrag gegenüber den Kindern anderer Eltern. Die höheren Pflichten, die sie gegenüber den eigenen Kindern haben, sind nicht verallgemeinerbar. Oder anders herum gesagt: Sie haben gegenüber den Kindern anderer Eltern nur verallgemeinerbare Pflichten. Es wäre ja herzlos, wenn sie sich einem Kind, dessen Not sie lindern könnten, nur deswegen nicht zuwenden würden, weil es nicht *ihr* Kind ist.

Die Exklusivität von besonderer Verantwortung hebelt also den »ethischen Universalismus« keineswegs aus. Das gehört zur Pointe des Gleichnisses vom barmherzigen Samariter. Egal ob Jude, Samariter, Grieche oder Römer – das »wehe Herz« überwindet die Grenzen von Volks-, Stammes- oder Clanzugehörigkeit. Übernahme von Verantwortung schränkt zugleich Handlungsmöglichkeiten ein. Das bleibt eine Spannung. Sie wird auch im Herzen gefühlt. Sie ist nicht nur eine Spannung zwischen Herz und Verstand. Nur das ungebildete Herz entzieht sich dieser Spannung durch trügerische Eindeutigkeit.

Das ungebildete Herz

Die beiden Kleriker im Gleichnis vom barmherzigen Samariter geben der Regelobservanz den Vorzug vor der Sensibilität für Leiden. Je öfter sie dies tun, umso mehr wird diese Entscheidung zu ihrem Habitus, zu ihrer Grundhaltung. Das Ergebnis ist Gleichgültigkeit, mangelnde Herzensbildung. Sie kann einhergehen mit intellektueller Hybris. Bildung – oder das, was sich für Bildung hält – sowie Regelobservanz können Hand in Hand gehen. Man muss ja geschult sein, um das ganze Regelwerk, seine genehmigten Ausnahmen und den jeweils neuesten Stand der Auslegungstradition zu kennen, die »Überlieferung der Alten« (Mk 7,5). Der Samariter kennt diese komplexen Diskurse nicht. In diesem Sinne ist er »ungebildet«.

Im November 1939 versuchte der Schreiner Georg Elser auf eigene Faust, Hitler und die Führungsspitze der Nazis durch ein Attentat töten. Nach dem Münchner Abkommen vom 30. September 1938 war er endgültig zur Überzeugung gekommen, dass Hitler einen neuen Krieg plane und dass nur noch seine Tötung großes Unheil abwenden könne. Er zündete eine Bombe im Münchner Bürgerbräukeller. Das Attentat scheiterte. Elser wurde festgenommen und nach Folter und mehrjähriger Einzelhaft am 9. April 1945 im

KZ Dachau ermordet. Die Nazis hielten ihn deswegen so lange fest, weil sie sich nicht vorstellen konnten, dass Elser, ein »ungebildeter« Arbeiter, auf eigene Faust gehandelt hatte. Sie hielten ihn für eine Marionette ausländischer Geheimdienste und suchten deswegen nach Netzwerken und Drahtziehern hinter ihm, die es nicht gab. Auch nach 1945 konnte man sich nicht vorstellen, dass ein einfacher Schreiner über so viel politische Urteilskraft verfügte, um aus eigener Einsicht schon vor 1939 vorhersehen zu können, dass Hitler und die Nazis auf einen Krieg zusteuerten. Noch im Jahre 1999 war in seriösen bildungsbürgerlichen Kreisen der Vorwurf zu hören, Elser habe mit seiner Tat seine »politische Beurteilungskompetenz« überschritten. »Konnte … ein Durchschnittsbürger nach dem Münchner Abkommen im Herbst 1938 … begründet mutmaßen, dass ein Krieg, für den Hitler verantwortlich sein wird, unvermeidlich sein wird«,[8] wie Elser erkannte? Natürlich nicht! Oder eben doch?

Rückblickend kommt der Hochmut von solchen »Gebildeten« vor dem Fall. Es verhält sich ja genau umgekehrt. Weite Teile der gebildeten Schichten in der Weimarer Republik bis hin zu renommierten Intellektuellen und Universitätslehrern gingen Hitler und dem Nationalsozialismus ideologisch auf den Leim. Sie schätzten ihn taktisch falsch ein, hielten ihn für beherrschbar und steuerbar. Mehr noch: Belesene Vertreter der »konservativen Revolution« konnten oder wollten die Niederlage Deutschlands im Ersten Weltkrieg und die »Schmach von Versailles« nicht verwinden. Sie waren trotz aller äußeren Bildung emotional durch

»alt gewordenen Zorn« gesteuert, durch nicht verwundene Kränkung.[9] Sie lieferten Hitler und den Nationalsozialisten die nötigen Begriffe für ihre Sprache. Sie bereiteten das Terrain für sie vor, auch wenn sie auf zugleich auf Hitler und sein Umfeld herabschauten, weil sie sie als Emporkömmlinge verachteten. Intellektuelle Hybris macht blind. Hingegen waren es oft einfache Leute, die »Ungebildeten«, die das richtige Gespür für den verbrecherischen Charakter des Regimes hatten.[10] Man kann ein Martin Heidegger sein und trotzdem einem Georg Elser an Herzensbildung unterliegen. Das gilt auch für die gelehrten Historiker, die sich nicht einmal nach dem Krieg dem Gedanken öffnen wollten, dass Elser aus eigener Motivation heraus handelte.

Das Gegenstück zur Hybris sind Minderwertigkeitsgefühle. Wer ein Leben lang hört: »Du bist nur ein Samariter« (oder: »Du bist nur ein Schreiner«), denkt am Ende tatsächlich, er sei tatsächlich »nur« ein Samariter (oder »nur« ein Schreiner). Auch diese Selbsteinschätzung kann sich in einer Haltung verfestigen, die blind macht. In der geistlichen Tradition wird sie unter dem Stichwort der »falschen Demut« verhandelt. Aus falscher Demut ergeben sich Pathologien des Herzens, die eine zerstörerische und auch selbstzerstörerische Macht haben, da die – reale oder bloß gefühlte – Minderwertigkeit als Abwertung durch andere erlebt wird.

Falsche Demut zeigt im schlimmsten Fall ihr wahres Gesicht, wenn sie in Hass umschlägt. Die Berliner Philosophin Hilge Landweer hat in diesem Zusammenhang kürzlich auf die Unterscheidung von Hass und Verachtung hingewiesen.[11] Das Gefühl des Hasses kommt aus der Opferposition, Opfer im Sinne von *victim*,[12] aus dem Gefühl der Unterlegenheit, der Ohnmacht, aus einer Wunde, die eitert und nicht verheilen will. Hass ist ein Gefühl, das sich sozusagen von unten nach oben richtet. Hass wendet sich zu, nicht ab. Hass klebt. Bei der Verachtung ist es genau umkehrt. Sie wendet sich innerlich ab, nicht zu. Sie ist ein Gefühl, das von oben nach unten geht, eine besonders gefährliche Form der Gleichgültigkeit, weil sie offen ist für Aggression. Verachtung »entsteht, wenn man einer anderen Person beziehungsweise Personengruppe minderwertige oder schlechte Eigenschaften unterstellt und sich diesen Personen moralisch überlegen fühlt«.[13] Hass zielt auf Vernichtung, Verachtung auf Dehumanisierung, Entmenschlichung. Hass kann, muss aber nicht grausam sein. Verachtung hingegen geht davon aus, dass die andere Person oder die anderen Personengruppen nicht zählen. Wer verachtet, ist im Herzen abgewandt. Zugleich verleiht Verachtung dem Hass Legitimation, denn der oder die andere ist kein Mensch mehr, sondern »Ungeziefer«, »Tier«, »Abschaum«, und meint, dies auch noch gelehrt begründen zu können. Daher auch die erschreckende Abwesenheit von Empathie, das vollkommene Gegenteil der Haltung des Samariters. »Die Hamas verachtet offensichtlich alles Jüdische und Israelische.«[14]

Vergleichbares lässt sich ja von den Nazis sagen. Die technische Perfektion, mit der sie den Holocaust planten und durchführten, spricht dafür, dass sie Juden verachteten. Vielleicht kann man sogar verachten, ohne zu hassen.

Jedenfalls ermöglichte die ideologische Entmenschlichung aller Juden vollkommene Freiheit von Empathie, um den mörderischen Dienst in den Vernichtungslagern zu tun, und um zugleich ungerührt zusammen mit der Familie unterm Tannenbaum zu sitzen und stimmungsvolle Lieder zu singen.

Das reuige Herz

Wie kann das harte Herz wieder berührbar werden? Amoz Oz erzählt in seinem Essay *Liebe Fanatiker* eine vielsagende Szene: »Ein wichtiger israelischer Autor, Sami Michael, erzählte einmal von einer langen Autofahrt mit einem Chauffeur, der offensichtlich ein Fanatiker war. Während der Fahrt fing der Chauffeur zu reden an und erklärte Sami Michael, wie wichtig und wie unerlässlich es für uns Juden sei, die Araber zu töten. Sami Michael hörte höflich zu, und anstatt schockiert zu sein oder ihn zu widerlegen oder seine Verachtung zu zeigen, stellte er ihm eine einfache Frage: ›*Und wer, denken Sie, soll all die Araber töten?*‹ ›*Wir! Die Juden! Wir müssen es tun. Entweder wir oder sie! Sehen Sie denn nicht, was sie uns die ganze Zeit antun?*‹ ›*Aber wer genau soll die Araber töten? Das Militär? Die Polizei? Vielleicht die Feuerwehr? Oder die Ärzte im weißen Kittel mit Spritzen?*‹ Der Chauffeur kratzte sich am Kopf, überdachte die Frage und antwortete schließlich: ›*Man muss die Aufgabe gerecht unter uns aufteilen. Jeder jüdische Mann muss ein paar Araber umbringen.*‹ Sami Michael ließ nicht locker, er sagte: ›*In Ordnung. Angenommen, Sie, ein Mann aus Haifa, bekommen ein Gebäude in Haifa zugeteilt, Sie gehen von Tür zu Tür, klingeln und fragen die Mieter höflich: Entschuldigen Sie, sind Sie zufällig Araber? Und wenn die Frage bejaht wird, erschießen Sie den Mann oder die Frau. Wenn Sie alle Araber in Ihrem Gebäude umgebracht haben, wollen Sie nach Hause gehen. Und dann, noch bevor Sie sich auf den Weg gemacht haben, hören Sie plötzlich aus dem obersten Stockwerk das Weinen eines Babys, was werden Sie tun? Zurückgehen? Werden Sie hinaufgehen und das Baby erschießen? Ja oder nein?‹* Es blieb eine Weile still, der Chauffeur dachte nach. Schließlich sagte er zu seinem Fahrgast: *›Hören Sie, Sie sind wirklich ein grausamer Mensch!‹*«[15]

Die Arbeit mit der Vorstellungskraft ist ein wichtiges Mittel zur Überwindung von Herzenshärte. Sie hat auch eine präventive Funktion. Vorstellungskraft lässt sich trainieren: Sehen, Hören, Riechen, Schmecken, Tasten.[16] Die klassische Methode dazu ist die »Anwendung der Sinne«, wie sie aus der Betrachtungsmethode der ignatianischen Geistlichen Exerzitien bekannt ist. Weltbeziehung ist grundsätzlich sinnenhaft, leiblich. In der biblischen Tradition meint »Leib« gerade nicht den Gegenbegriff zu einer unkörperlichen »Seele«. Vielmehr ist mit Leib der Mensch in Beziehung gemeint, da Beziehung zu Welt und Menschen immer körperlich vermittelt ist. »Das ist mein Leib« (Mk 14,22) bedeutet die Zusage der Beziehung und nicht die Mitteilung eines Objekts. Der Samariter wendet sich dem Notleidenden am Wegesrand nicht bloß äußerlich zu, sondern herzlich. Die Gaben Öl und Wein, die er auf die Wunden gießt, sind eine Beziehungsaussage. Das unterscheidet sein Handeln von einer bloß professionellen Dienstleistung (woraus man im Übrigen den Schluss ziehen kann, dass gerade pflegerische und erzieherische Berufe niemals bloß auf eine Dienstleistung beschränkt werden können).

Wenn die Arbeit mit der Vorstellungskraft auf die eigene Herzenshärte trifft, dann tut das weh. Dahinter steckt, positiv gesehen, die Dynamik der Reue. Am Anfang steht der Stachel, ein Schmerz. Der gute Geist »sticht und beißt die Gewissen durch die Urteilskraft der Vernunft«.[17] Wenn es dem Stachel gelingt, sich nicht abschütteln zu lassen, entsteht daraus eine Perspektive, die über vorstellbare Entschuldigungsbitten und Wiedergutmachungsleistungen hinausgeht und echte Heilung bringt.

Ein unbegleiteter jugendlicher Flüchtling aus Syrien, Ahmed, wurde vom Jugendamt in eine Internatsschule vermittelt. Schon nach ein paar Tagen begannen seine Mitschüler, ihn zu hänseln. Sie riefen ihm vom Fenster aus arabische Worte hinterher, die sie irgendwo aufgeschnappt hatten. Wenn er sich wehrte, musste er Sätze hören wie: »Geh wieder zurück auf dein Schlauchboot.« Trotz einiger Gespräche mit dem Internatspädagogen wurde es nicht besser. Schließlich entschied sich der Pädagoge zur Konfrontation, und zwar nicht durch Anbrüllen der Gruppe, sondern mithilfe eines Settings, das Hören ermöglichen sollte. Er lud die ganze Gruppe ein, ein Gespräch anzuhören, das er selbst mit Ahmed in ihrer Gegenwart führen wollte. Die Eingangsfrage hatte er vorher einvernehmlich mit Ahmed vereinbart: »Erzähl mir bitte, was du von deinen Mitschülern an Worten und Sätzen nachgeworfen bekommst.« Ahmed fing stockend an zu erzählen. Sofort erhob sich Protest in der Gruppe: »Stimmt nicht! Falsch! Ich will dazu Stellung nehmen.« Der Pädagoge unterbrach: »Zuerst müsst ihr euch das ganze Gespräch anhören, das ich jetzt mit Ahmed führen werde. Dann habt ihr die Gelegenheit, nachzufragen und Stellung zu nehmen.« Alle blieben. Das Gespräch zwischen Ahmed und dem Erzieher kam in Gang. Als das Thema »Schlauchboot« zur Sprache kam, erzählte Ahmed von seiner Fluchterfahrung über das Meer, mit schlichten Worten und anschaulich. Die Gruppe hörte mehr und mehr gebannt zu. Als die Frage auf seine Familie in Syrien kam, erzählte er von ihr und ergänzte: »Hier gibt es viele Kinder, die traurig sind, dass sie ihre Eltern vier oder fünf Wochen lang nicht gesehen haben. Ich habe meine Eltern schon drei Jahre lang nicht mehr gesehen.« Das Gespräch dauerte eine gefühlte Stunde. Als der Junge geendet hatte, blieb es still im Raum. Zögerlich meldete sich einer der Beteiligten und fragte: »Warum hat man uns das nicht vorher gesagt?«

Gute Frage. Die Jugendlichen und deren Eltern waren zwar über den Neuzugang und die wesentlichen Hintergründe informiert worden; sie hatten das Gehörte nur nicht in seiner Bedeutung erfasst. Sie waren noch nicht so weit gewesen, es zu erfassen, vielleicht deswegen nicht, weil sie zwar in den Nachrichten viel von überfüllten Schlauchbooten auf dem Mittelmeer gehört, aber noch keine Vorstellung davon entwickelt hatten. Erst die Erzählung eines Menschen, mit dem sie in analoger Beziehung standen, ermöglichte ihnen die schmerzhafte Selbsterkenntnis, dass sie gar nicht begriffen hatten, was die sagten, die ihrem Mitschüler nachriefen: »Geh zurück in dein Schlauchboot!« Die Umkehr in der Selbsterkenntnis entwickelte dann eine erstaunliche Dynamik, die sich keiner der Beteiligten an der abendlichen Konfrontation hatte vorstellen können: Drei Jahre später bewarb sich Ahmed für den Posten des Schulsprechers und wurde mit großer Mehrheit gewählt. Das war mehr als Bitte um Entschuldigung und Wiedergutmachung. Das war Versöhnung.

Zwischenbemerkung

Die Wahrnehmungskompetenz, die der Samariter zeigt, ist kein Zufallsprodukt nach dem Motto: Die einen haben eben ein berührbares Herz, die anderen nicht. In der Berührbarkeit oder in der Verhärtung des Herzens verdichten sich jeweils persönliche Lebensgeschichten, kulturelle Prägungen und die mit ihnen einhergehenden persönlichen und kollektiven Selbstbilder. In diesem Zusammenhang von Bildung zu sprechen bedeutet, die jeweiligen Zustände des Herzens nicht als bloßes Schicksal oder Zufallsprodukte anzusehen. Sie sind aus vielfältigen Einflüssen und Entscheidungen gewachsen. Sie können sich zum Positiven oder Negativen ändern, je nachdem, welcher Anstoß dazu von außen oder von innen gegeben wird. Bloßer Wille reicht dazu nicht. Das Herz kann nicht durch die Vernunft allein gebildet werden, auch nicht durch die praktische Vernunft. Hochmoralische Rhetorik kann mit Herzenshärte einhergehen, Kenntnis der eigenen Schwäche und der eigenen Versuchbarkeit hingegen mit Herzensbildung.

II. HERZENSBILDUNG UND SCHULE

Wenn man versucht, die Logik des Herzens in Sprache zu fassen, landet man oft in paradoxen Formulierungen. Paradoxe Aussagen enthalten einen Widerspruch und stimmen doch zugleich. Eine paradoxe Aussage wird falsch, wenn man versucht, sie »richtig« im Sinne von »widerspruchsfrei« zu machen. »Es gibt einen Ort jenseits von richtig und falsch. Dort treffen wir uns.« (Mewlana Rumi) Das Paradox ist einerseits kein Ort, an dem Beliebiges mit Anspruch darauf geäußert werden kann, ernst genommen zu werden. Man kann den Anspruch, der mit den Adjektiven richtig-falsch, entweder-oder verbunden ist, ja auch unterschreiten. Andererseits reicht die binäre Logik nicht aus, um einen tieferen Einblick in die Komplexität der Wirklichkeit zu gewinnen. Die Paradoxa der Herzenslogik sind eben unvermeidliche Paradoxa, gerade dann, wenn man den Anspruch der binären Logik ernst nimmt und trotzdem mit ihr allein nicht weiterkommt.

Bildung findet nicht nur in der Schule statt. Familie, Freundeskreise, Arbeitsplatz, Vereine, Verbände, Stammtische, Arbeitskreise sind immer auch Orte von Bildung. Je mehr die Gesellschaft das Bildungsgeschehen auf Schule fokussiert – das scheint mir eine Crux der gegenwärtigen Bildungsdebatte zu sein –, umso mehr verengt und zerstört sie Bildungsorte, die sie gar nicht ersetzen kann. Das trifft sogar für die Schule selbst zu, wenn sie sich in ihrem Selbstverständnis verengt. Ich erinnere mich an den Brief eines Schulleiters zu Beginn des Schuljahres 2021/22, also in Coronazeiten. Er schrieb den Neuzugängen eine Mitteilung, in der viele Vorschriften über Maskentragen und

Abstandsregeln standen, und er schloss mit dem mahnenden Satz: »Ich gehe nicht in die Schule, um Freunde zu treffen, sondern um den Unterricht zu besuchen.« Als ob Gespräche und Spiele unter Freunden, egal ob in der Schule oder außerhalb der Schule, nicht ein ausgezeichneter, ja unverzichtbarer Ort für Bildung wären!

Und doch ist Schule vielleicht derjenige Ort, an dem die binäre Logik des Verstandes am spannungsreichsten mit den unvermeidlichen Paradoxa der Herzenslogik kollidiert. Schule steht einerseits ganz besonders unter Druck, den Ansprüchen der binären Differenzierungen zu genügen: richtige und falsche Bedeutungen von Vokabeln, richtige und falsche Lösungen von Mathematikaufgaben, richtige und falsche Anwendung von erlerntem Wissen, Ausstellung von Zeugnissen und Zertifikaten nach allgemein überprüfbaren Kriterien, regelkonformes und regelwidriges Verhalten. Weil dies zum Alltag der Schule notwendig dazugehört, gerät Schule auch leicht in die Versuchung, sich in ihrem Selbstverständnis auf diese Differenzierungen zu reduzieren. Die Institution Schule lässt sich aber andererseits nicht verstehen, wenn nicht die Dauerpräsenz der Herzenslogik in allen pädagogischen Vollzügen ständig mitbedacht wird, mit ihren unvermeidlichen Paradoxien und mit ihren spannungsreichen Ambiguitäten. In diesem zweiten Teil will ich versuchen, die Paradoxien an einigen spielentscheidenden schulischen Themen zu durchdenken.

Das pädagogische Nutzenparadox

Ich erhielt vor einiger Zeit einen Brief eines mir unbekannten Mannes. Er schrieb mir als dem Rektor seiner alten Schule, die er zu einer Zeit besucht hatte, als ich selbst noch in den Windeln lag. Nach Abitur und Studium hatte er ein Unternehmen gegründet, Karriere gemacht und war schließlich während der letzten Jahre seines beruflichen Lebens in der Ausbildung von Führungspersonal in der Wirtschaft tätig gewesen, mit erheblicher Breitenwirkung und Prominenz. Nun traf ihn kurz vor Vollendung seines 65. Lebensjahres die Diagnose Krebs. Auf seinem Krankenbett liegend, erinnerte er sich an seine alte Schule und dachte darüber nach, was ihm in seiner Schulzeit für seine erfolgreiche Karriere am meisten gegeben hatte. Dies teilte er mir in einem langen, handschriftlich geschriebenen Brief mit. Es war, wie er schreibt, vor allem das Orchester. Dort hatte er gelernt, zuzuhören, sich einzuordnen, zum richtigen Zeitpunkt hervorzutreten, Geduld zu haben, zu üben, sorgfältig zu sein, ästhetische Qualitätskriterien zu entwickeln, zu improvisieren, öffentlich aufzutreten, mit Lampenfieber umzugehen, andere mitzureißen, sich von anderen mitreißen zu lassen. Der Brief war eine Hymne an die Leben prägende Bedeutung des gemeinsamen Musizierens.

Hätte der Schüler seinerzeit *deswegen* im Orchester mitgespielt, *um* die beschriebenen Kompetenzen zu erwerben, hätte er sie nicht erworben oder höchstens nur einen Abklatsch davon. Er erwarb die Kompetenzen, oder besser: die Haltungen, die er beschreibt, deswegen, weil er den »transmusikalischen« Nutzen im Moment des gemeinsamen Übens und Spielens gar nicht im Blick hatte. Die Freude an der Musik und am Zusammenspiel war ihm Selbstzweck gewesen, nicht Mittel zum Zweck. Es gibt offensichtlich Zwecke, die man nicht erreicht, wenn es einem bloß um diese Zwecke geht. Sie ziehen sich wie ein scheues Reh zurück, wenn man direkt auf sie zielt. Ich nenne dieses Prinzip das »pädagogische Nutzenparadox«. Das Übernützliche – in diesem Fall das Musizieren – ermöglicht einen Nutzen, den es ohne das zweckfrei Übernützliche gar nicht gäbe.

Das Prinzip lässt sich auf den ganzen Fächerkanon von Kita bis Schule übertragen. Philipp Melanchthon, »Lehrer Deutschlands« und pädagogischer Vordenker der Reformation, war zum Beispiel der Meinung, guter Sprachunterricht bilde auch ethisch.[18] Aber auch das funktioniert nur dann, wenn man sich nicht mit Grammatik und Literatur zum Zwecke des Erwerbs ethischer Urteilskraft beschäftigt. Das gilt ebenso für Werteunterricht aller Art: Zu viel Werteunterricht verdirbt die Moral, vor allem dann, wenn die Werte einfach bloß gesetzt und vorausgesetzt werden. Es gibt einen Nutzen, der dazugegeben wird, gerade wenn und weil man ihn nicht direkt pädagogisch anzielt. Er hat, um ein spirituelles Motiv anzudeuten, Geschenkcharakter. Das pädagogische Nutzenparadox gilt auch für die Konzeption von Schule als Bildungsinstitution insgesamt. Schule geht nicht im Funktionieren für diesen oder jenen Zweck auf, sei dieser Zweck aus guten Gründen noch so erwünscht. Vielmehr erreicht sie die meisten wünschbaren Zwecke nicht einmal, wenn sie sich auf diese in ihrem Selbstverständnis reduziert.

Schüler und Schülerinnen fragen oft: »Was bringt mir das?« Das ist, in Alltagssprache formuliert, die Frage nach dem Nutzen von Bildung: Was bringt es mir, ein Bild zu malen, zu tanzen, ein Gedicht auswendig zu lernen, eine alte Sprache zu lernen, zu singen oder ein Praktikum in einem Pflegeheim zu machen,[19] obwohl man nicht vorhat, im späteren Leben Pfleger oder Ärztin zu werden? Solche Fragen lassen sich durchaus auch mit dem Hinweis auf allerlei Nutzen beantworten. Wer ein deutsches Gedicht auswendig gelernt hat, kann damit brillieren, wenn er als erwachsene Person danach gefragt wird. Wer Latein und Griechisch kann, erlernt später die Fachtermini der Medizin leichter, sollte er einen ärztlichen Beruf ergreifen wollen. Singen hilft, Stress abzubauen. Wer ein Pflegeheimpraktikum macht, findet vielleicht Gefallen an einem Pflegeberuf. Das ist alles richtig. Und doch reicht es nicht. Der Nutzen ist in gewisser Weise nur ein Nebenprodukt. Er kommt hinzu, wenn die genannten Aktivitäten ihren Sinn und Zweck nicht bloß von ihrem funktionalen Nutzen her haben. Der übernützliche, transfunktionale Sinn von Musik, Literatur, von Begegnung mit fremden Lebenswelten, mit Natur, mit

Geschichte oder Kunst wird nur erfasst, wenn er nicht von dem Nutzen her definiert wird, den er auch hat.

Muße und Sabbat

Das Wort »Schule« kommt von griechisch »scholé«, lateinisch »otium«, zu Deutsch »Muße«. Muße ist ein Privileg derer, die nicht unter dem Diktat der Erwerbsarbeit stehen. Vielmehr gilt umgekehrt: Erwerbsarbeit steht im Dienst der Muße. »Wir arbeiten, um Muße zu haben.«[20] Muße ist deswegen auch nicht zu verstehen als »Freizeit« zu dem Zwecke, sich für die Arbeit zu erholen, selbst dann, wenn sie auch diese erholende Wirkung hat. In den Tätigkeiten und Räumen der Muße finden Menschen vielmehr die Freiheit von den Zwängen der Erwerbsarbeit, der »Nicht-Muße« (negotium), eine Freiheit, die in »Würde«[21] praktiziert wird. Cicero verstand unter »otium cum dignitate« konkret wissenschaftliche und philosophische Betätigung. Muße ist jedenfalls nicht zu verwechseln mit dem sprichwörtlichen »Müßiggang«, der angeblich aller Laster Anfang ist.

Muße war in antiken Zeiten ein Privileg der gesellschaftlichen Eliten. Das ändert aber nichts daran, dass sich das Anliegen von Muße verallgemeinern lässt. Wenn wir Schule von diesem Ausgangspunkt her denken, dann ist der Schulbesuch zunächst einmal ein Vollzug von Freiheit. Schülerinnen und Schüler mögen das – insbesondere unter der Voraussetzung der Schulpflicht – nicht immer so sehen, doch wer die Alternativen recht bedenkt, wird das schnell begreifen. Während der Schulschließungen in der Coronazeit mussten gerade auch Kinder und Jugendliche neu begreifen, warum Schule ein Ort der »Muße in Würde« ist, selbst wenn sie es natürlich nicht so nennen würden: Gemeinschaft, Spiel, Gespräch, öffentlicher Diskurs in analoger Realität, klassisch »Unterricht« genannt. Wer einmal in Ländern gelebt hat, in denen Kinder und Jugendliche dem Zwang zur Erwerbsarbeit unterworfen sind, damit die Familie überleben kann, wird den Freiheitssinn der allgemeinen Schulpflicht ebenfalls nicht bestreiten.

In der biblischen Tradition ist der Sabbat der Tag, an dem das ganze Volk vom Diktat der Arbeit, vom Regiment des Funktionierens frei sein soll, auch die Fremden, die Sklaven, ja sogar das Nutzvieh. »Sechs Tage darfst du schaffen und jede Arbeit tun. Der siebte Tag ist ein Ruhetag, dem Herrn deinem Gott geweiht. An ihm darfst du keine Arbeit tun: Du, dein Sohn und deine Tochter, dein Sklave und deine Sklavin, dein Vieh und der Fremde, der in deinem Stadtbereich Wohnrecht hat.« (Ex 20,10) Zum Freiheitsvollzug am Sabbat gehört auch der Kult. Er besteht seinem Wesen nach aus zweckfreien Vollzügen wie Dank und Lobpreis. Der Sabbat ist, so gesehen, der Schultag schlechthin, der Tag der Muße.

Auf die Schule als säkulare Bildungsinstitution hin gedacht, bedeutet das: Die Freiheit vom Zwang zum Nützlichen ist der Notenschlüssel, der vor dem gesamten Notentext des Lebens und Lernens in der Schule steht. Sie öffnet den Raum für Herzensbildung, wo Menschen einander sehen, begegnen und zusammenwirken. Damit ist nicht gemeint, dass Bildung keinem ökonomischen, gesellschaftspolitischen oder anderen Zwecken dienen soll. Das soll sie durchaus, sie muss es sogar. Manche bestreiten das ja und meinen, Bildung müsse eine Art höhere Gegenwelt gegen die angeblich niedere, banale Welt des Handels und der Technik errichten. Solche Meinungen sind Ausdruck von Ressentiment und pessimistischer Kulturkritik. Kritik der Zustände im Bildungssystem ist ohnehin oft verkappte Kulturkritik.

Eine binäre Schwarz-weiß-Unterscheidung zwischen dem nützlichen und dem »übernützlichen« Aspekt von schulischer Bildung trifft aber, wie bereits gesagt, das Verhältnis der beiden Sphären gerade nicht, genauso wenig wie die Kontraposition von Herz und Verstand. Hier waltet eben eine Paradoxie. Das Nützliche und das Übernützliche stehen in einer wechselseitigen Beziehung zueinander. Sie erfüllen gemeinsam ihren Zweck. Das Übernützliche schwebt nicht berührungslos über dem Nützlichen. Es ist dem Nützlichen nur insofern übergeordnet, als es den Nutzen überhaupt erst ermöglicht, zumal den, der sich dem pädagogisch-strategischen Zugriff entzieht. Vom Nutzen her lauert umgekehrt der Übergriff auf das transfunktional Übernützliche. Denn das Nutzenprinzip tendiert dazu, das Übernützliche gezielt für den messbaren Nutzen einzuspannen. Aber genau dadurch verliert das Übernützliche den Überschuss an Kreativität, der auch noch Nützliches hervorbringt.

Jugendliche spüren das sehr genau. Ich erinnere mich an eine Debatte in den Neunzigerjahren, die eine erfolgreiche verbandliche Jugendaktivität auf dem Gelände einer Schule betraf. Die Teilnahme der Jugendlichen am verbandlichen Leben beruhte auf Freiwilligkeit. Sie lernten in den Gremien die Beteiligung an Meinungsbildung und demokratischen Entscheidungen. Als Gruppenleiterinnen und -leiter übernahmen die Älteren Verantwortung für die Jüngeren und lernten Leitungskompetenzen. Die Schule war von dem Leben in der Gruppe sehr angetan. In der Schulkonferenz wurde von Schulleitung und Eltern der Antrag eingebracht, Engagement in der verbandlichen Arbeit auch auf den schulischen Zeugnissen lobend zu erwähnen und in die Wertung des »Sozialverhaltens« mit aufzunehmen. Die Jugendlichen berieten in ihren eigenen Gremien über den Antrag und lehnten das Angebot schließlich ab. Sie wollten die Selbstzwecklichkeit ihres Engagements nicht schulischen Zwecken zuordnen oder gar unterordnen – und damit nicht zuletzt auch die Motivation künftiger Generationen für das Engagement am verbandlichen Leben grundlegend verändern.

Funktionale Grundbildung

Anlässlich des neuen PISA-Studien 2023 formulierte ausgerechnet der OECD-Bildungsdirektor Andreas Schleicher: »Die meisten Schülerinnen und Schüler sind heute Konsumenten vorgefertigter Lerninhalte, Lehrkräfte sind zu Dienstleistern, Kinder und Eltern zu Kunden geworden. Das Herz der Bildungsidee ist verlorengegangen.«[22] Es gibt also ein Herz der Bildungsidee. Es wird durch die Herrschaft des ökonomischen Paradigmas (Ware, Kunde, Dienstleistung) geschwächt. So weit, so gut. Die OECD ist an dieser Entwicklung allerdings nicht unbeteiligt. Schauen wir kurz zurück: Das Jahr 2001 ist als Jahr des »PISA-Schocks« im kollektiven Gedächtnis. Deutsche Schülerinnen und Schüler, so das Ergebnis der damals veröffentlichten Studie, schnitten im internationalen Vergleich beim Erwerb funktionaler Grundbildung unterdurchschnittlich ab. Zwar verbesserten sich seit 2000 die Ergebnisse ein wenig – mit leichten Einbrüchen 2015 und 2018. Doch seit Dezember 2023 steht Deutschland wieder unter einem PISA-Schock. Die Leistungen von 15-Jährigen in Mathematik, Naturwissenschaften und Lesen sind unter das Niveau von 2001 gesunken. Deutschland liegt zurzeit bei Lesen und Mathematik im Durchschnitt der OECD-Staaten, in den Naturwissenschaften leicht darüber. Dieses scheinbar gut klingende Ergebnis ist allerdings der Tatsache zu verdanken, dass die Leistungen in vielen anderen Staaten ebenfalls deutlich nachgelassen haben. Spitzenreiter auf der internationalen Vergleichsliste sind in allen Bereichen Singapur, Japan, Südkorea und die von China benannten Metropolregionen, die sich an der Studie beteiligten. 2001 belegte die PISA-Studie auch, dass in Deutschland ein signifikanter Zusammenhang zwischen sozialer Herkunft und schulischen Leistungen besteht. Die Studie 2023 bestätigte diesen Befund: Die Lücke, die zwischen den Leistungen sozial benachteiligter und privilegierter Schüler klafft, ist in Deutschland größer als in vielen anderen Ländern.

Das deutsche Bildungssystem zeigt sich also nach dem Urteil der PISA-Studien in zweifacher Hinsicht als dysfunktional: zum einen in Bezug auf die Vorbereitung zur Teilhabe am Arbeitsmarkt und am gesellschaftlichen Leben unter den Bedingungen internationaler Konkurrenzfähigkeit in Zeiten der Globalisierung, zum anderen in Bezug auf die Chancengleichheit. Beide Anliegen, das arbeitsmarktpolitische und das sozialpolitische, greifen ineinander. Je weniger es dem deutschen Bildungssystem gelingt, sein Humankapital[23] durch Erwerb funktionaler Grundbildung zu aktivieren, umso prekärer wird die soziale Lage vieler Menschen, die den Anschluss an den Arbeitsmarkt verlieren, und umso schneller verliert die deutsche Volkswirtschaft insgesamt ihre internationale Konkurrenzfähigkeit.

Die Öffentlichkeit diskutiert diese Ergebnisse seit Jahren unter dem Aspekt der Mängel des Schulsystems: Investitionen in die Ausstattung, in die Qualität der Lehrerausbildung und in die Fortbildung etc. Aber die Verengung auf diese Sicht ist die Rückseite der Vorstellung, Schule könne die Reparaturanstalt für gesellschaftliche Probleme sein, wenn man nur mehr in sie investieren würde. Reparaturanstalt kann sie allein schon deswegen nicht sein, weil damit wieder der Bildungsbegriff rein funktional auf gesellschaftspolitischen Nutzen hin gedacht würde. Die Notsituation, die in den empirischen Erhebungen sichtbar wird, führt in die Versuchung, Maßnahmen der Krisenintervention mit Erwartungen zu überfordern, die ihrerseits wieder bloß auf den messbaren Nutzen reduziert sind. Das beschleunigt das Hamsterrad der ständigen Wiederholungen und Frustrationen. Es führt nicht weiter, zu beklagen, dass das Herz der

Bildungsidee verloren gegangen ist, ohne sich selbst als Teil des Problems zu sehen, das diese Entwicklung mit zu verantworten hat. Die Krise des Bildungsverständnisses ist ein gesellschaftliches Problem, nicht nur ein Problem des Bildungssystems.

Lesekompetenz, mathematische Kompetenz und naturwissenschaftliche Kompetenz sind im Bildungskonzept der OECD die Grundelemente einer Bildung, die »funktional« verstanden wird. Kompetenzen sind notwendig, um *literacy* zu erwerben, Grundbildung, die sowohl anwendbar ist für die Teilhabe am gesellschaftlichen Leben als auch anschlussfähig für lebenslanges Weiterlernen. So weit, so gut. Die Messungen von PISA beziehen sich allerdings nicht auf ein transfunktional-übernützliches Verständnis von Bildung. Dessen »Output«[24] lässt sich allein schon deswegen nicht messen, weil sich der Nutzen des Übernützlichen nicht aus kausal funktionierenden Mechanismen ergibt. Hier spielt vielmehr die Herzenslogik mit ihren Paradoxien eine entscheidende Rolle. Die Messungen zeigen nur einen kleinen Ausschnitt der Leistungen des Bildungssystems. Sie messen einen notwendigen Aspekt von Bildung, der aber nicht hinreicht, um im vollen Sinne des Wortes von Bildung sprechen zu können. Das beanspruchen sie auch gar nicht. »Man kann gar nicht nachdrücklich genug betonen, dass PISA keineswegs beabsichtigt, den Horizont moderner Allgemeinbildung zu vermessen«, betonten die Autoren der Studien von Anfang an.[25] PISA vermisst eben nur eine bestimmte Art von Wissen, Wissen nämlich, das angewandt werden kann. »Das Hauptaugenmerk liegt auf der Beherrschung von Prozessen, dem Verständnis von Konzepten sowie auf der Fähigkeit, innerhalb eines bestimmten Bereiches mit unterschiedlichen Situationen umzugehen.«[26]

Das Fach Mathematik etwa wird als eine Form des anwendungsbezogenen mathematischen Denkens verstanden, um *mathematical literacy* zu erwerben. Vergleichbares gilt für die Lesekompetenz. Sie liegt dann vor, wenn ein Mensch einen Text nicht nur lesen, sondern wenn er das Gelesene in einer bestimmten Situation sachgemäß zur Anwendung bringen kann – wenn es zum Beispiel gelingt, einen Fahrplan nicht nur zu lesen, sondern anschließend auch in den richtigen Bus einzusteigen. Dieses Konzept hat, je drängender die gemessene Not ist, mehr und mehr Einfluss auf die Inhalte der schulischen Curricula. Anwendungsorientierte Lehrinhalte drängen in den Unterricht. Sie sind funktional definierbar. Und sie sind ständig erweiterbar. So plädierte Bildungsministerin Bettina Stark-Watzinger kürzlich ganz im Sinne der *literacy* für mehr Finanzthemen wie Wirtschaft, Altersvorsorge oder Steuererklärung im Schulunterricht. Diese Themen kämen im Schulunterricht zu kurz.[27] In solchen Wortmeldungen zeigt sich, dass der Druck auf das Bildungssystem die Tendenz hat, sich selbst durch die Forderung nach weiteren anwendungsorientierten Lerninhalten zu verstärken. Der transfunktionale Aspekt von Bildung wird dabei mehr und mehr an den Rand gedrängt. Ernsthaft wird in Ministerien zum Beispiel darüber diskutiert, ob man im Abitur überhaupt noch Aufgaben zu literarischen Texten stellen soll. Dem Herzen der Bildungsidee wird so die Zufuhr von Sauerstoff gedrosselt.

Planen und steuern lässt sich nur, was sich planen und steuern lässt. Je mehr es um Planung und Steuerung geht, umso mehr schiebt sich der funktionale Aspekt von Bildung als Notenschlüssel vor den gesamten Text über Schule und Bildung. Ein Bildungssprech ist in den letzten Jahren entstanden, der das Reden über Schule beherrscht. »Wissen« etwa wird als handlungsrelevantes Wissen verstanden. Die Gesellschaft wird als »Wissensgesellschaft« bezeichnet. Was mit »Wissen« gemeint ist, könnte man auch »Information« nennen. Wissen besteht aus denjenigen Informationen, die ich haben muss, um dies oder jenes tun zu können. Da sich die Wissensgesellschaft mit dem technischen Fortschritt rasant verändert, ist folgerichtig »lebenslanges Lernen« notwendig, ständige Umstellung und Anpassung auf Grund von neuem Wissen, welches das alte Wissen ablöst. Und so weiter.

Wer nicht auf dem neuesten Stand des Wissens ist, verliert den Anschluss an die Wissensgesellschaft. Das ist ja eine Erfahrung, die tatsächlich immer mehr Menschen machen, die den Anschluss an dieses Wissen verpassen. Sie verlieren den Anschluss an den Fortschritt, weil sie die neue Technik, die neuen Anwendungen nicht mehr bedienen können. Insbesondere die Digitalisierung macht die Teilhabe am Arbeitsmarkt, am Markt überhaupt und auch an den Dienstleistungen von Behörden in steigendem Maße davon abhängig, dass die Bürger die entsprechenden Instrumente bedienen können. Am Horizont zeichnet sich die Entwicklung ab, dass immer mehr Kommunikation von Maschinen übernommen wird, die man dann ja auch bedienen können muss, um nicht abgehängt zu werden. Funktionale Grundbildung muss auf diesen permanenten gesellschaftlichen Wandel vorbereiten.

Unter funktionaler Rücksicht sind Schülerinnen und Schüler Produktionsfaktoren. »Es ist nicht unanständig, sondern schlicht notwendig, Humankapital als Produktionsfaktor zu sehen, in den umso mehr investiert wird, je höher die Renditen sind.«[28] Internationale Wettbewerbsfähigkeit von Gesellschaften und Investitionen in das Bildungssystem werden so wechselseitig abhängig voneinander gesehen. Bildung ist deswegen der »wichtigste Rohstoff für die Zukunft«, wie in öffentlichen Äußerungen gerne formuliert wird. Das bedeutet auch, dass Investitionen in das Bildungssystem in ein Verhältnis zum messbaren Output gestellt werden müssen. Der Rohstoff muss schließlich geliefert werden. »Output-Orientierung bedeutet, dass die Prioritäten im Bildungsbereich durch wirtschaftliche Analysen, die Festlegung von Standards und die Messung des Erreichens von Standards bestimmt werden«,[29] wie die Weltbank schon früh formulierte.

Zum Konzept der *literacy* gehört schließlich der entscheidende Vorteil, dass es transkulturell vermittelbar ist. Das ist deswegen ein Vorteil, weil auf diese Weise internationale Vergleichbarkeit der Bildungssysteme ermöglicht wird. Das Konzept ist eng mit dem Phänomen der Globalisierung verbunden. Leistungen chinesischer Schüler kann man mit denen europäischer Schüler vergleichen. Unterschiedliche kulturelle Prägungen von Bildungstraditionen können dabei vernachlässigt werden. Sie lassen sich ohnehin nur schwer vergleichen, wenn überhaupt. Lese- und Rechenkompetenz kann man hingegen unabhängig davon messen, ob das Land demokratisch oder autoritär regiert wird. So kann dann die Funktionalität oder Dysfunktionalität nationaler Bildungssysteme im internationalen Vergleich empirisch erhoben werden. Die entsprechenden Studien stellen wiederum den Ausgangspunkt für zentrale Bildungssteuerung und zielgerichtete Reformen in den einzelnen nationalen Bildungssystemen dar. Richter über Erfolg oder Misserfolg im internationalen Vergleich ist am Ende der Markt, gerade weil er global ist. Der Markt kann tatsächlich alle Besonderheiten von Traditionen und Kulturen relativieren oder sich ihrer im Fall der Fälle zu seinen Zwecken bedienen, dem Wettbewerb. Seine inhaltliche Leere ist seine Stärke. Aber auch seine Schwäche, wenn man es aus der Perspektive der Herzenslogik mit ihren Paradoxien betrachtet.

Selbstbildung

Die deutsche Sprache kennt den Unterschied von »Bildung« und »Ausbildung«. Der Unterschied passt, um das zusammengehörende Verhältnis vom Nützlichen und Übernützlichen zu beschreiben. Ausbildung stattet Auszubildende mit Fertigkeiten aus, die funktional für bestimmte Zwecke angewandt werden können. Bilden hingegen kann man sich nur selbst. Das ist nicht antifunktional gemeint. Bildungskonzepte heben ab, wenn sie Antiwelten zur Lebenswelt der Kinder und Jugendlichen konstruieren, die auf sie wartet. Junge Menschen müssen durch Kompetenzen, die sie erlernen, eines Tages tatsächlich Anschluss an den Arbeitsmarkt finden und sich in der real existierenden Welt bewähren können. Es wird aber kontraproduktiv, wenn Bildung insgesamt bloß funktional bestimmt wird, wenn man also, um im Bild zu bleiben, deswegen Orchester spielt oder spielen lässt, um bestimmte Fertigkeiten zu erlangen, die über die Musik hinaus nützlich sind. Der Nutzen des Übernützlichen geht so verloren. Am Ende geht sogar die Motivation für diejenigen Mühen verloren, die einen Ausbildungscharakter haben und die die notwendigen Voraussetzungen dafür sind, um am Spiel teilnehmen zu können, so z. B. Tonleitern üben, Körperhaltung lernen, Instrument sachgerecht behandeln.

Wenn Pädagogik Bildung auf Ausbildung reduziert, wird sie entweder rein technisch oder autoritär. Der Schlüsselbegriff »Kompetenz« meint ja nicht nur bestimmte anwendungsorientierte Fertigkeiten, sondern zielt auf die ganze Person. Die maßgebliche, jedenfalls meistzitierte Definition des Kompetenzbegriffs versteht unter Kompetenzen »die bei Individuen verfügbaren oder durch sie erlernbaren kognitiven Fähigkeiten und Fertigkeiten sowie die damit verbundenen motivationalen, volitionalen und sozialen Bereitschaften und Fähigkeiten, um Problemlösungen in variablen Situationen erfolgreich und verantwortungsvoll lösen zu können«.[30] Der Satz klingt sperrig. Im Wort »motivational« schwingt der Begriff der Motivation mit. Im Begriff »volitional« steckt das lateinische Verb »velle«, also »wollen«. Es geht um die Stärkung des Willens: »Unter Volition versteht man durch Willenskraft gesteuerte Fähigkeiten, die notwendig sind, um Motive und Ziele in Ergebnisse umzusetzen. Dazu ist die Überwindung verschiedener interner und externer Widerstände wie zum Beispiel Unlustgefühle, Ängste, Ablenkungen oder Ziellosigkeit notwendig.«[31] In dieser Definition geht es jedenfalls um mehr als um anwendungsbezogenes Wissen und Können, sondern eben auch um Motivation und Willen – dies allerdings unter dem Vorzeichen funktionaler Grundbildung. Nun besteht ja kein Zweifel daran, dass Motivation und Willen entscheidend sind für den Erwerb und die Umsetzung von Können und Wissen. Das Problem ist, dass Motivation und Willen den Umweg über das Übernützliche brauchen, um geweckt und gestärkt zu werden, nicht zuletzt deswegen, weil erst hier die Entscheidungen darüber fallen, auf welches inhaltliche Ziel ein Mensch seine Motivation und seinen Willen ausrichtet. Daran entscheidet sich dann auch wieder die Herzensbildung.

Persönlichkeitsprägende Langzeiteffekte von Orchesterspielen werden, um beim anfänglichen Beispiel zu bleiben, nicht erreicht, wenn man eigentlich nicht aus Freude an der Musik heraus musiziert, sondern zu musikfremden Zwecken, zum Beispiel um eine gute Note in Musik zu bekommen. Stabile Motivation zum Musizieren ist ebenfalls keine Kompetenz, die durch extrinsische, also von außen herrührende Anreize hergestellt werden könnte. Extrinsische Anreize können etwas anschieben. Aber sie wecken im besten Fall eine Freude an der Musik, die schlummernd schon da ist. Wenn sie aber geweckt wird, ist die Freude an der Musik zunächst selbst der Zweck des Übens und des gemeinsamen Spiels. Im Spiel bilden sich junge Menschen dann selbst, einschließlich der intrinsischen, innewohnenden Bereitschaft dazu, die Mühen des Übens und methodischen Vorgehens auf sich zu nehmen, um die notwendigen Voraussetzungen für das Spiel zu erwerben. Die Übenden und Lernenden müssen dabei nicht explizit begreifen, dass sie gerade dabei sind, sich selbst zu bilden, eigene Qualitätskriterien in der Begegnung zu entwickeln, Kooperation zu lernen und so weiter. Wenn sie es reflektieren, je nach Reifegrad, kommen sie auch explizit zu sich selbst, bedenken sich selbst immer mehr als Subjekte. So entdeckt sich die menschliche Person in der Erfahrung der Freude an der Musik und in vergleichbaren Erfahrungen eben selbst und darin dann auch das, was sie will – im wissenschaftlichen Kauderwelsch: die eigenen »volitionalen und sozialen Bereitschaften und Fähigkeiten«.

Kunst, Sport, Literatur, Sprachen, Naturwissenschaften, Geschichte, soziales Miteinander sowie überhaupt die großen Fragen, die bereits den Verstand von Kindern »belästigen«, wie Immanuel Kant gerne formulierte – all das sind Medien der Selbstbildung. Gerade auch die großen Fragen werden ein Leben lang nicht aufhören, Verstand und Herz zu belästigen. »Was kann ich wissen? Was soll ich tun? Was kann ich hoffen? Was ist der Mensch?«[32] Man begreift nicht einmal die Bedeutung der Fragen, wenn man die Antwort bloß unter der Perspektive der Anwendbarkeit sucht oder wenn man sie umgekehrt unter bildungspolitischer Rücksicht deswegen für irrelevant hält, weil sie sich nicht auf Anwendbarkeit hin ausrichten lassen. Es ist ein Vollzug von »Muße in Würde«, sich diesen Fragen zu allen Zeiten, in allen Schulformen, jeweils altersgemäß zu stellen, von der Grundschule über die Berufsschule bis hin zum Gymnasium, und sich darin dann auch der Entdeckung der eigenen Würde als selbst denkendes und handelndes Subjekt zu öffnen.

Menschenbild

Immer wenn man über die Grundlagen von Bildungskonzepten nachdenkt, stößt man irgendwann auf die Frage nach dem Menschenbild. Welches Menschenbild liegt den jeweiligen pädagogischen und schulpolitischen Diskursen zugrunde? Schon ein Wort wie »Herzensbildung« deutet auf ein bestimmtes Menschenbild hin, eines, bei dem »der Mensch unendlich den Menschen übersteigt«,[33] um bei Blaise Pascal zu bleiben, im Gegensatz zum »homme machine« (Julien de La Mettrie), der sich selbst und dem Blick von außen ganz transparent zu sein beansprucht und sich damit auch der Steuerung von außen anbietet. Wer Menschen tendenziell eher als Maschinen sieht, wird Pädagogik anders praktizieren als Lehrkräfte, die von der Annahme ausgehen, dass Erkenntnisprozesse bei Menschen im Wesentlichen nicht von außen kausal gesteuert werden können.

Für die Aufklärung hat Kant die Unterscheidung von »Wert« und »Würde« eingeführt. Unter »Würde« versteht er einen »inneren Wert«, der allen menschlichen Personen zukommt.[34] Thomas Hobbes hält exemplarisch dagegen, dass »Wert« und »Würde« gleichermaßen durch den Preis bestimmt werden können: Der Markt entscheidet.[35] Vor dem Hintergrund der Menschenbild-Aussage Kants verstehe ich die Aufgabe von Schule darin, Kindern und Jugendlichen ein reflexives Verhältnis zu ihrer Würde zu ermöglichen. Schule nähert sich den Schülerinnen und Schülern im Respekt vor der Existenz dieses inneren Faktums. Das innere Faktum ist nicht bloß ein »Faktum« im äußerlich feststellbaren Sinne des Wortes. Es ist ein innerer »Wert«, der auf Wachstum hin ausgerichtet ist, genauer: auf Selbstwerdung, auf »Menschwerdung« in einem emphatischen Sinne. Das kann nicht geschehen ohne die Begegnung mit dem Anderen. Über diese wächst das reflexive Verhältnis zu sich selbst. Wenn – aus welchen Gründen auch immer – das innere Faktum namens »Würde« bloß ein Faktum bleibt, wird aus der Unmündigkeit, die bei Kindern und Jugendlichen zunächst von Natur aus gegeben ist, die selbstverschuldete Unmündigkeit. Umgekehrt können es dann kostbarste Momente im pädagogischen Alltag sein, wenn Lehrkräfte erleben dürfen, wie Unmündigkeit durch Selbsttätigkeit überwunden wird.

Beispiel: Das internationale Jesuitenkolleg St. Blasien im Schwarzwald veranstaltet seit mehr als 25 Jahren einen Austausch mit zwei chinesischen Schulen. Zum Programm des Austauschs gehört, dass chinesische Schüler in der Mittelstufe das Internat besuchen, dort zunächst Deutsch bis zum B2-Abschluss lernen und dann in die Kursphase einsteigen, um nach vier Semestern das Abitur abzulegen, und dies unter den Bedingungen des baden-württembergischen Zentralabiturs. Immer wieder bewunderte ich den Mut und die Ausdauer der Jugendlichen aus China, sich auf diese immense Herausforderung einzulassen. Sie waren in der Regel unglaublich fleißig und lernbegierig. Letztlich war nicht der Spracherwerb die größte Herausforderung, der sie sich stellen mussten, sondern der Eintritt in eine andere Lernkultur. Sie vermissten im deutschen Schulbetrieb den Drill sowie die klaren Vorgaben, was genau sie lernen sollten. In den Klausuren fiel ihnen die Umsetzung von Operatoren wie »erörtern«, »erwägen« und »diskutieren« besonders schwer.

Einmal fuhr ich mit einigen von ihnen in das Freiburger Konfuzius-Institut, um dort einem Vortrag zu lauschen. Der Weg hin nach Freiburg dauert mit dem Auto gut eine Stunde und führt durch die malerisch schöne Landschaft des Südschwarzwaldes. Ein lockeres Gespräch mit den Jugendlichen im Auto zu beginnen war nicht möglich. Zu groß war der Ehrfurchtsabstand zwischen dem Kollegsdirektor und den drei Jugendlichen, die neben und hinter mir saßen. So entschied ich mich, auch auf dem Rückweg zu schweigen, nachdem ich zunächst versucht hatte, mit ihnen in ein Gespräch über den Vortrag zu kommen. Das Schweigen im Auto dauerte mindestens die Hälfte der Fahrt. Doch dann brach plötzlich eine schüchterne Stimme das Schweigen. »Darf ich Ihnen eine Frage stellen?« Ich war erfreut. »Gerne.« »Sagen Sie mal, warum loben die Chinesen immer Deutschland, und Deutsche kritisieren immer China?«

Da war sie, die Warum-Frage, und zwar nicht eine vom Lehrer der Schülerin gestellte Warum-Frage, sondern eine Warum-Frage der Schülerin selbst an den Lehrer. So schüchtern im Ton die Frage daherkam, so sehr zeigte sich in ihr ein innerer Prozess, der die Schülerin vermutlich nicht erst seit heute Abend bewegt hatte. Die eigene Frage zuzulassen und auszusprechen, ist der Moment der Selbstentdeckung der eigenen Mündigkeit. Darin steckt im Keim auch die Selbsterfahrung der eigenen Würde: Ich kann vorgegebene Lerninhalte und Meinungen infrage stellen, wie etwa: Warum soll ich dies und jenes lernen? Warum ist dieses oder jenes Ziel erstrebenswert, auf das hin ich mich ausbilden lasse? Überhaupt: Stimmen die Meinungen und Positionen des Lehrers, der Eltern, der Partei, der Tradition?

Bekanntlich verbindet Kant den Begriff der Würde mit dem der »Menschheit«, die in einer jeden »Person« anwesend ist. Darin seien sich alle Menschen gleich. Hobbes sieht die Gleichheit aller Menschen in einer anderen Tatsache gegeben. Er geht davon aus, dass der Krieg aller gegen alle der Urzustand der Menschheit ist – eine These, die sich im Schulalltag gelegentlich zu bewahrheiten scheint –, und dass deswegen alle Menschen gleichermaßen nicht nur das Recht, sondern auch die Pflicht hätten, sich im eigenen Interesse zu schützen. Die schwächeren Einzelpersonen (oder auch die schwächeren Rudel) ziehen aus dieser Situation den Schluss, dass sie sich im eigenen Interesse am besten schützen können, wenn sie sich zu einem Gemeinwesen zusammenschließen, das sie vor den Stärkeren schützt. Was dieses Menschenbild, nebenbei gesagt, für das Verständnis von disziplinarischer Ordnung und Durchsetzungsmacht in der Schule bedeutet, wäre ein eigenes Kapitel wert.

Alle Menschen sind einander nach Hobbes also wie Wölfe.[36] Daraus folgt für ihn das gleiche Recht aller, das eigene Überleben zu sichern. Das führt – im Unterschied zu Kant – zu einer Ethik des wohlverstandenen Egoismus. Die ist aber auch das Prinzip des Marktes. Wenn aller Wert durch den Preis bestimmt wird, dann orientiert sich auch der Wert der Bildung am wohlverstandenen Eigeninteresse von Einzelpersonen und von Nationen. Dieses wird über das Preis-Leistungs-Verhältnis berechnet. Der Markt ist es, der die Verhältnisse der Menschen ordnet, auch die Ordnung und Organisation des Bildungssystems. Vielleicht liegt in dieser über Jahre hinweg und aus vielen Gründen gewachsenen Ökonomisierung der Bildungsdiskurse ja tatsächlich der wesentliche Grund für die Krise des Lehrberufes: die Reduktion der Lehrtätigkeit einschließlich ihrer disziplinarischen und erzieherischen Funktionen als Dienstleistung an Kunden.

Wie kommt es, dass der Markt mit seiner Logik eine solche Macht über das Bildungsverständnis erhalten kann? Der Grund liegt wohl in der überwältigenden Dynamik der Globalisierung. In Zeiten der Globalisierung ist der Markt das einzige Ordnungsprinzip, das global funktioniert. Die internationalen Studien sind gerade deswegen von Anfang an als Vergleichsstudien angelegt. Sie stellen fest, welche Nation oder welches Bildungssystem vorne liegt und welches zurückfällt. Die Dramatik der Vergleichsstudien, ihre dramatische Wirkung auf die jeweiligen öffentlichen Meinungen, sind in den Ängsten um langfristige Wettbewerbsnachteile der einzelnen nationalen Player begründet.

Die Ängste mögen begründet sein, doch sie sind keine guten Ratgeber, wenn sie wieder den Druck des Marktes auf das Bildungssystem und damit letztlich auf die Kinder und Jugendlichen erhöhen. Dann laufen alle im Hamsterrad weiter. Es gibt aber eben noch ein anderes Kriterium für gute Bildung, das global Geltung beanspruchen kann: die Orientierung an der allgemeinen Menschenwürde, wie sie in der Goldenen Regel zum Ausdruck kommt (»Alles, was ihr von anderen erwartet, das tut auch ihnen« – Mt 7,12) oder wie Kant es für die Moderne klassisch auf den Punkt gebracht hat: »Handle so, dass du die Menschheit sowohl in deiner Person als auch in der Person eines jeden anderen niemals bloß als Mittel, sondern immer auch als Zweck achtest.«[37]

Aber der mögliche Erfolg eines Bildungssystems, das sich an diesem Zweck orientiert, ist nicht messbar.[38] Er ist der Logik des Herzens zugeordnet und zeigt sich meist erst nach der schulischen Laufbahn, also langfristig in Überzeugungen und Haltungen. Diese sind nicht Ergebnis pädagogisch-schulischer Planung. Oft entwickeln sie sich im Gegenteil gerade gegen die Planung und Erziehungsvorstellungen der Schule (oder des Elternhauses), im Widerspruch, in der Verweigerung von Anpassung. Schulen, die den anstrengenden Schüler oder die aufmüpfige Schülerin nicht aushalten, streben an, deren Verhalten so zu konditionieren, dass sie den Funktionserwartungen entsprechen, mit den klassischen Mitteln von Verbot und Erlaubnis, Belohnung und Strafe.

Ein ehemaliger Schüler, inzwischen in Leitungsposition tätig, berichtet von seinem schulischen Schlüsselerlebnis, das dieses Schema durchbrach. Am 20. März 2003 überfiel die »Koalition der Willigen« unter Führung der USA den

Irak. In den Tagen danach rief die Gesamtschülervertretung des Landes zu einer Demonstration der Schülerinnen und Schüler auf. Sie sollte während der Schulzeit um 11 Uhr vormittags beginnen. Der Schüler ging zum Schulleiter und forderte, schulfrei für die Teilnahme an der Demonstration zu bekommen. Der Schulleiter sagte nein. »Wieso, Sie sind doch auch gegen den Irakkrieg?«, fragte der Schüler. Das eine habe mit den anderen nichts zu tun. Der Schüler wollte das nicht verstehen. Darauf sagte der Schulleiter: »Hör mal. Wenn mir wirklich daran läge, an dieser Demonstration teilzunehmen, dann wäre ich auch bereit, die Konsequenzen dafür zu tragen, egal ob Klassenbucheintrag oder sonst etwas.« Zwanzig Jahre später traf der Schüler seinen Schulleiter und sagte: »Dieser Satz von Ihnen hat mein Selbstverständnis und mein Leitungsverständnis bis heute entscheidend geprägt.«

Bildungserfolg im weiteren Sinne ist gegeben, wenn es gelingt, die Selbsterkenntnis der »Menschheit« in der eigenen Person (im gerade genannten Beispiel: die Verantwortungsfähigkeit) und der Person eines jeden anderen in den unterschiedlichsten Situationen zu sehen und ermöglichen, und zwar beginnend mit der frühkindlichen Erziehung, durch die Art und Weise, wie Lehr- und Erziehungskräfte Kindern und Jugendlichen begegnen, indem sie Schritt für Schritt zusammen mit ihnen eine Reflexionskultur aufbauen. Das kann dann auch im Sinne des pädagogischen Nutzenparadoxes zu guten Karrieren führen, zu einer guten Performance auf dem nationalen oder internationalen Arbeitsmarkt, vielleicht sogar zu einer besseren, als sie durch Anpassung an die jeweiligen Erwartungen erreicht würde.

Aber die Selbstwerdung in der reflektierenden Selbsterkenntnis braucht vor allem den freilassenden Raum der Muße, den Sabbat. Dieser Raum ist gegenüber innerem und auch äußerem Druck schutzbedürftig, der dann vermittelt über die Schule auf den Kindern und Jugendlichen lastet, wenn Schule und Lehrkräfte diesem Druck nicht selbstbewusst etwas entgegensetzen.

Erkenntnis der »Menschheit« als Bildungsziel bezieht sich im Übrigen nicht auf ein abstraktes Erkenntnisobjekt dieses Namens. Es geht nicht um Philosophieunterricht, so wünschenswert Philosophie als Unterrichtsfach wäre, sondern um ein Querschnittsanliegen für den gesamten Fächerkanon und für die gesamte pädagogische Kultur einer Schule. Man muss es nicht einmal »Menschheit« nennen. Man kann sogar meinen, begriffen zu haben, was »Menschheit« bedeutet, ohne es wirklich begriffen zu haben. Fjodor Dostojewski lässt in seinem Roman *Die Brüder Karamasow* einen Gesprächspartner des Starez Sosima folgenden inneren Widerspruch formulieren: »Meine Liebe zur Menschheit wurde bisher desto flammender, je mehr ich die einzelnen Menschen hasste.«[39] Abstrakte, allgemeine Menschenliebe kann mit ideologischer Enge und praktischer Menschenverachtung einhergehen, nicht nur in Bezug auf einzelne Menschen, sondern auch in Bezug auf Kulturen, deren Geschichte und deren partikulare Prägungen. Deswegen führt das Querschnittsanliegen »Achtung der Menschheit« nicht nur in den gesamten Fächerkanon hinein, sondern auch in alle praktischen Alltagsfragen bis zum Umgang mit disziplinarischen Themen.

Lehrer-Schüler-Beziehung

Von überragender Bedeutung für erfolgreiches Lernen ist die Lehrer-Schüler-Beziehung. In ihr schlägt das Herz der Bildung. Was hier »Beziehung« genannt wird, geht über eine rein funktional bestimmte Definition von Lehrtätigkeit hinaus. Es gibt Beziehungen, die man auf Funktionen begrenzen kann. Wenn ich am Kinoschalter ein Ticket kaufe, gehe ich mit der Person, die am Schalter sitzt, eine Beziehung ein, genauer: zunächst eine rein funktionale Beziehung. Schon ein beiderseitiges Lächeln und ein freundlicher Ton würden über eine rein funktionale Kommunikation hinausgehen. Das gilt hundertfach mehr für alle Berufe, die mit Verantwortung für Menschen zu tun haben, und allemal für Lehrer und Lehrerinnen. Sie sind keine Funktionäre. Sie leisten einen für jede Gesellschaft unverzichtbar wichtigen Dienst, aber sie sind keine Dienstleister.[40]

Im Lehrberuf hat das pädagogische Nutzenparadox prinzipielle Bedeutung, gerade weil in der Qualität der Beziehung das Herz der Bildung schlägt. Eine rein technische Arbeit am Fließband kann man eine Zeit lang ohne innere Beteiligung leisten. Der Lehrberuf aber gehört zu denjenigen Tätigkeiten, die ohne innere Beteiligung überhaupt nicht funktionieren. Ohne innere Beteiligung richten sie vielmehr langfristigen Schaden an. Hier waltet tatsächlich ein Entweder-oder der Herzenslogik: Entweder mit dem Herzen oder gar nicht. Nichts vergiftet den pädagogischen Alltag mehr als eine zynische Lehrkraft, die nicht mehr an das glaubt, was sie unterrichtet, sondern nur noch »liefert«. Die Schülerinnen und Schüler lernen und entwickeln sich umso besser, je mehr sich Lehrkräfte der Tiefe der Verantwortung stellen, die sie durch ihre Haltung für die Prägung junger Menschen tragen.

Die empirische Bildungsforschung bestätigt die Bedeutung der Lehrer und Lehrerinnen für gelingendes Lernen. Im Jahr 2008 veröffentlichte der neuseeländische Bildungsforscher John Hattie eine Studie unter dem Titel *Visible Learning.*[41] Sie widmete sich der Frage, welche Merkmale für das schulische Lernen besonderes Gewicht haben. »Teachers make the difference«, oder: »Es kommt auf die Lehrkräfte an.« Dies war und ist das meistzitierte Ergebnis der Studie. Es hat sich seither in weiteren Analysen bestätigt. Die Lehrperson übt den entscheidenden Einfluss auf die Leistungen der Schülerinnen und Schüler aus. Zwar machen zunächst die Voraussetzungen bei den Schülerinnen und Schülern (Motivation, Intelligenz, Vorwissen etc.) fünfzig Prozent des Lernerfolgs aus. Doch das ändert nichts daran, dass der Beitrag von Lehrpersonen zum Unterricht mit dreißig Prozent signifikant hoch gegenüber den verbleibenden Bereichen (Schulform, Curriculum, Elternhaus) rangiert. Er ist jedenfalls größer als der Beitrag der schulischen Strukturmerkmale. Weder die Schule noch die Schulform machen also den Unterschied, sondern die Lehrperson und die Lerngruppe.

Will man also die Qualität von Bildung verbessern, ist vor allem bei den Lehrkräften anzusetzen, genauer: beim Unterricht. Das wird auch deutlich, wenn man die Reaktionen auf die jüngsten Ergebnisse von PISA betrachtet. »Gute Bildung beginnt mit guten Lehrern.«[42] Aber wie kriegt man gute Lehrkräfte? Kaufen kann man sie nicht. Hattie setzt bezeichnenderweise – neben Investitionen in Aus- und Fortbildung – auf die Kraft des Feedbacks, also wiederum auf ein Beziehungsgeschehen. Für besonders förderlich hält er, wenn Lehrkräfte selbst Feedback zu ihrem Unterricht einholen. Ich kann das von meiner Erfahrung her nur bestätigen.

Feedback, das diesen Namen verdient, setzt auf Kommunikation »von Angesicht zu Angesicht«. (1 Kor 13,12) Anonymes Feedback dagegen hat eine destruktive Dynamik. Das zeigen nicht zuletzt die Entwicklungen der Rückmeldepraktiken, wie sie in den sozialen Medien üblich geworden sind. Der Hochmut der ersten Jahre ist vor den Fall gekommen. Die digitalen Bildungsutopien aus dem Silicon Valley werden inzwischen leiser propagiert oder wandeln sich sogar in Dystopien, begleitet von entsprechender Alarmrhetorik, die auch nicht weiterhilft. Ein letztes Beispiel für die genannte Hybris ist Marc Zuckerbergs Brief »To Our Community« (2017) an alle Facebook-Nutzer. Darin pries er die Chancen seines Mediums für eine neue Weltgemeinschaft. »Der Fortschritt verlangt, dass die Menschheit nicht mehr nur in Städten und Nationen zusammenfindet, sondern in einer Weltgemeinschaft.« Mit damals etwa zwei Milliarden

Nutzern pro Monat sah er sich auf Augenhöhe mit dem Islam (1,6 Milliarden) und der Christenheit (2,2 Milliarden). »In Zeiten wie diesen gibt es für uns bei Facebook nichts Wichtigeres zu tun, als eine soziale Infrastruktur zu entwickeln, die den Menschen erlaubt, eine Weltgemeinschaft zu schaffen, die für uns alle funktioniert.«[43] Inhaltsleere Daumen-rauf-Daumen-runter-Willkür, gepaart mit der weidlich genutzten Möglichkeit zur Anonymität hat allerdings inzwischen vielerorts das Gegenteil solcher Gemeinschaftsbildung bewirkt.

Wie sehr die Unsitte des anonymen Feedbacks an der schulischen Basis angekommen ist, kann man nicht zuletzt beobachten, wenn man die »Abibücher« der letzten zwanzig oder dreißig Jahrgänge anschaut. In ihnen ist beispielsweise das anonyme »Lästern« über Mitschüler und Mitschülerinnen nicht nur zum geduldeten, sondern zum gewollten Ritual geworden. Die Begründung für die Anonymität lautet, man bekomme ein »ehrliches« Feedback nur dann, wenn man sein Gesicht gerade *nicht* zeigen müsse. So wird die Angst davor rationalisiert, dem anderen von Angesicht zu Angesicht ein Feedback zu geben. Es ist ja klar: Man muss sich fast immer »ein Herz fassen«, wenn man einem Mitmenschen eine ehrliche Rückmeldung von Angesicht zu Angesicht geben will, möglichst in der Form, dass er die Rückmeldung annehmen kann, statt defensiv-aggressiv reagieren zu müssen. Das kann man lernen, und auch das gehört zu einem fächerübergreifenden Curriculum der Herzensbildung. »Tapferkeit vor dem Freund« (Aristoteles) lässt sich üben.

Feedbackkonzepte, die diesen Namen *nicht* verdienen, sondern die Beziehungen in der Schule im Gegenteil vergiften, gibt es zuhauf. Ich erinnere mich an die ersten Onlineportale, die Schülerinnen und Schülern die Gelegenheit gaben, Lehrer anonym zu bewerten. Es war die Zeit der naiven Erstbegeisterung für das Internet und seine neuen Möglichkeiten. Das Portal sprach sich wie ein Lauffeuer im Kollegium herum, und bald saßen die ersten Kolleginnen und Kollegen am Rechner und schauten nach, wie sie bewertet werden. Mein Mantra dazu lautete: »Schaut euch das erst gar nicht an. Ich tue es auch nicht.« Wer hineinschaut, sieht ja nicht nur, wie er selbst, sondern auch, wie der Kollege oder die Kollegen daneben bewertet wird. Er weiß zugleich nicht, wer es ist, der ihn da bewertet, und auch nicht, wie viele Personen wirklich hinter den Klicks stecken. Und dennoch bleibt etwas hängen. Ein Schatten legt sich auf den Kollegen nebenan oder auf die Lerngruppe vor mir. Hier zeigt sich, wenn Zurückhaltung geübt wird, ein bemerkenswerter Zusammenhang von Achtsamkeit und Enthaltsamkeit.

Es gibt viele Möglichkeiten, eine gute Feedbackkultur zu praktizieren. Dazu können die Medien sinnvoll eingesetzt werden, wie zum Beispiel beim »Micro-Teaching«: Eine Unterrichtsstunde wird aufgezeichnet und anschließend in einer Supervisionsgruppe gemeinsam angesehen und ausgewertet. Sicher, das kostet etwas Zeit. Mit einem geringen Aufwand verbunden ist auch die Möglichkeit, einen Kollegen oder eine Kollegin in den eigenen Unterricht einzuladen, um sich anschließend ein Feedback geben zu lassen.

Vor dem Hintergrund der Machtasymmetrie, die zwischen Lehrenden und Lernenden waltet, gehört es zu einer guten Feedbackkultur, in Ton und Inhalt unangemessene Rückmeldungen von Kindern und Jugendlichen nicht bloß zurückzuweisen, sondern in ihnen auch die Rückmeldung zu hören, die in ihnen berechtigterweise steckt, mehr als die Rückmeldenden selbst sehen. Und manchmal kommen weiterführende Initiativen auch von der Schülerseite. So hatte eine Schülervertretung einmal die Idee, einen »Schülersprechtag« zu organisieren. Schülerinnen und Schüler sollten die Gelegenheit haben, sich zu einer Sprechstunde bei einer Lehrkraft anzumelden. Sie sollten dabei auch die Möglichkeit haben, einen Mitschüler oder eine Mitschülerin ihres Vertrauens in die Sprechstunde als Zeugen mitzunehmen. Diese Zeugen sollten nach bestimmten Kriterien ausgewählt werden – Alter, Inhaber eines Wahlamtes in der verfassten Schülerschaft etc. Der Vorschlag löste im Kollegium Zustimmung aus, aber auch Ängste und Widerstand. Die Schulleitung beschloss, Zeit für einen solchen »Schülersprechtag« freizugeben, die Teilnahme daran für Lehrerinnen und Lehrer aber nicht verpflichtend zu machen. Das war ein Kompromiss, der auf der Schülerseite enttäuschte, und auf der Lehrerseite die Ängste bloß verlagerte – weil man sich ja als Lehrkraft vor der Schülerschaft outete, wenn man an dem Schülersprechtag *nicht* teilnahm. Der Tag selbst verlief dann einerseits mäßig erfolgreich, andererseits wiederum sehr erfolgreich, weil dadurch das Thema Feedback in der gesamten Schule überhaupt erst einmal gesetzt war und zu vielen weiteren Initiativen führte.

Zurück zu Hatties Vorschlägen: Hausaufgaben, Klassengröße, Individualisierung des Unterrichts etc. üben seiner Einschätzung nach nur einen geringen Effekt auf gelingendes Lernen aus. Auch bei Team-Teaching, jahrgangsübergreifenden Klassen oder offenem Unterricht, in dem den Schülerinnen und Schülern Freiheiten bei der Wahl der Lernmethode, der Materialien oder auch der Lerninhalte gewährt werden, sind keine messbaren Effekte nach oben oder nach unten festzustellen. Nach Corona ist nun auch der digitale Fernunterricht stärker unter empirischer Beobachtung hinsichtlich seiner Leistungen für gelingendes Lernen. Es bleibt dabei: The teacher makes the difference. Das ist nicht nur eine Herausforderung für den Lehrberuf, sondern zugleich auch ein Kompliment. In der Beziehung schlägt das Herz der Bildungsidee und des Bildungserfolges.

Analoge Präsenz

Eine gute Lehrer-Schüler-Beziehung braucht analoge Präsenz. Als die Schulen aufgrund des Coronavirus schließen mussten, erregten sich viele Menschen darüber, dass Deutschland wegen mangelnder digitaler Ausstattung zu wenig für Fernunterricht vorbereitet sei. Das mag sein. Es führte aber auch, nebenbei gesagt, zu Debattenbeiträgen, bei denen ich nicht mehr mitlachen konnte: »Noch einige weitere Pandemien müssen durchs Land ziehen, dann werden die Schulen endlich angemessen digitalisiert sein.« Richtig ist: Viele Lehrkräfte wurden erst durch den Lockdown gezwungen, sich auf digitale Medien für den Unterricht einzulassen. Der Lockdown hatte insofern einen unbeabsichtigten Nebeneffekt, einen »transfunktionalen« Sinn, weil er unbeabsichtigt als flächendeckende Fortbildungsmaßnahme wirkte. Im Rückblick zeigt sich allerdings auch, dass die Kritik an der mangelnden Vorbereitung der Schule auf die Krisensituation zu kurz greift. Einige Monate Fernunterricht haben vielmehr sehr deutlich gemacht, dass diese Form des Unterrichts analoge Präsenz in der Schule nicht ersetzen kann, eine Vorstellung, die zwar kein ernstzunehmender Pädagoge oder Erziehungswissenschaftler je hatte, die aber doch durch manche transhumanistisch digital-gläubige Köpfe geisterte und geistert.

Digitaler Unterricht kann analogen Unterricht nicht ersetzen. Dass es sich so verhält, liegt zunächst an einigen naheliegenden äußeren Gründen. Digitaler Unterricht leistet zum Beispiel nur sehr bedingt Präsenzkontrolle. Viele unterrichtliche und außerunterrichtlichen Begegnungsmöglichkeiten (Pause, gemeinsames Spiel, Pflege von Freundschaften etc.) fallen aus, ebenfalls alle Unterrichtsformen, die ohne analoge Präsenz gar nicht funktionieren können, vom gemeinsamen Musizieren über Sport bis hin zu Ausflügen und Austausch. Und schließlich: Fernunterricht überfordert die meisten Eltern, zumal diejenigen, die es sich nicht leisten können, zu Hause zu bleiben und ihre Kinder zu unterstützen, oder diejenigen Eltern, die von ihren eigenen Bildungsvoraussetzungen her überfordert sind, ihren Kindern zu helfen. Es müssen also auch die Grenzen des digitalen Unterrichts anerkannt werden, ohne dessen Möglichkeiten – hier: in Krisenzeiten einen pädagogischen Notbetrieb aufrechtzuerhalten – zu bestreiten.

Aber es geht auch um etwas Grundsätzliches und betrifft den ganzen Komplex der Herzensbildung. Der Hirnforscher Joachim Bauer[44] knüpft schon seit längerer Zeit an die Forschungsergebnisse der Neurobiologie an, nach denen das menschliche Gehirn ein auf gute Beziehungen angewiesenen Organ ist. Auf diese Erkenntnis bezieht sich der Begriff des *social brain*. »Bedeutung für einen anderen Menschen haben, gesehen und wertgeschätzt zu werden ist, wie sich herausstellen sollte, weit mehr als ein psychobiologisches Desiderat. Es ist die Voraussetzung für die biologische Aktivierung der sogenannten *Motivationssysteme* im menschlichen Gehirn.« Daraus folgert Bauer, dass die Qualität der Lehrer-Schüler-Beziehung für den Lernerfolg von Kindern und Jugendlichen weitaus bedeutsamer ist als die gewählte Unterrichtsmethode, auch was ihre Lernmotivation betrifft. Für eine gute Lehrer-Schüler-Beziehung bedarf es aber der analogen Präsenz, denn »die Kontaktaufnahme zwischen Körper und äußerer Realität unterscheidet sich wesentlich von den Interaktionen zwischen einer Maschine und ihrer Umgebung«.[45]

Schon in der frühkindlichen Entwicklungsphase sind körperliches Erleben, soziale Interaktion und wechselseitige Resonanzerfahrungen unverzichtbar mit der Herausbildung des frühkindlichen Selbst verbunden. Das Selbst verbindet sich mit dem Bewusstsein zu einer Instanz, die sich mitteilen kann und will. Die allerwenigsten Mitteilungen erfolgen dabei nach dem Modell eines einfachen Algorithmus: Reizwahrnehmung und sofortige Reaktion wie bei der Maschine. Vielmehr schafft das Bewusstsein beim wachsenden Selbst mehr und mehr einen Zwischenort zwischen eingehenden Reizen und ausgehenden Reaktionen, einen »Schwebezustand zwischen Wahrnehmung und der offen gelassenen Möglichkeit zu reagieren«,[46] also genau jenen Raum, in dem sich die für den Vorgang des Lernens entscheidende Aktivität der Reflexion ereignet. Das bleibt bedeutsam für alle späteren Entwicklungsphasen von jungen Menschen – letztlich ein Leben lang.

Maschinen haben keine Körper. Sie erleben nicht. Sie können nicht reflektieren. Sie können auch Mitteilungen anderer Personen nicht deuten, sofern diese sich manchmal nichtsprachlich mitteilen. Wer errötet, errötet eben, ob er es will oder nicht. Der Grund für das Erröten kann je nach Situation sehr verschieden sein. Maschinen hingegen sind nicht in der Lage, nonverbal zu kommunizieren, über Blickverhalten, Gesichtsausdruck, Körperhaltung und Körperbewegungen, Berührung, variables Verhalten bei Nähe und Distanz sowie über stimmliche Merkmale wie Tonfall, Sprechgeschwindigkeit, Betonungen, Pausen. Die wenigen nonverbalen Signale, die ihnen einprogrammiert werden, sind ein lächerlicher Abklatsch von wirklicher nonverbaler Kommunikation, wenn »Herz zu Herz« spricht. Maschinen können deswegen auch keine Vorbildfunktion für Kinder und Jugendliche einnehmen – eine zentrale Funktion des Lehrberufes.

Gerade die nonverbale Kommunikation ist es, die prozentual den weitaus größeren Anteil an prägender Kommunikation ausmacht. Wenn eine Lehrperson einen Raum betritt, strahlt sie immer schon etwas aus, ob sie es will oder nicht. Die eine strahlt Vorfreude auf das Wiedersehen mit der Lerngruppe aus, die andere Enttäuschungen über schlechte Leistungen beim letzten Test, die dritte sachbezogenen Ernst, die nächste Minderwertigkeitsgefühle. Die jeweilige Aura löst in der Lerngruppe Reaktionen aus, Stimmungen, die sich ebenfalls vornehmlich nonverbal übertragen. Die Emotionen lassen sich letztlich nicht verstecken. Im Idealfall verhalten sich Lehrerinnen und Lehrer ja gerade nicht nach dem Reiz-Reaktions-Schema einfacher Algorithmen. Sie nehmen den Reiz und deren Reaktionen bestenfalls in den reflektierenden Schwebezustand ihres eigenen Bewusstseins auf und antworten, wenn es angebracht ist. Und mit diesem Verhalten prägen sie zugleich das Kommunikationsverhalten in der Gruppe vorgängig zu aller äußeren Regulierung und Standardisierung.

Doch das ist nicht alles. Vor einer Lerngruppe zu stehen ist immer auf die eine oder andere Weise eine Herausforderung. Es mag zwar bei Lehrkräften im Laufe der Jahre so etwas wie Routine entstehen, aber Routine kann auch die Qualität der Beziehung zur Lerngruppe senken. Sie kann blind machen, unempfänglich für das Neue, Einzigartige, Nichtberechenbare, das in jeder Unterrichtssituation steckt. Routine kann auch eine Strategie neben anderen sein, um sich als Persönlichkeit vor der Lerngruppe zu verstecken. Doch alle Versuche, sich zu verstecken, hindern die nonverbale und paraverbale Ausstrahlungen nicht daran auszustrahlen. Das gehört zum Reichtum sozialer Kommunikation. Maschinen hingegen kommunizieren nur das, worauf sie programmiert sind, beziehungsweise das, was sie kommunizieren »wollen« – sofern die überhaupt »wollen« können. Sie sind immer »ehrlich«. Sie verstecken nichts, weil sie nichts zu verstecken haben.

Dieser Unterschied ermöglicht auch erst den Vorbildcharakter der Lehrerinnen und Lehrer, und zwar mit Langzeitwirkung. Über ihr Verhalten kommunizieren Lehrerinnen und Lehrer – ob sie es wollen oder nicht – immer auch etwas, was über ihre unmittelbaren Intentionen und Strategien im pädagogischen Alltag hinausgeht. Nur aus diesem Zusammenhang heraus können sie authentisch oder nichtauthentisch wirken. Nonverbale Kommunikation ist ja nur authentisch, wenn sie stimmt, und das heißt auch: wenn sie mehr als bloß inszeniert ist. Erst dadurch kann sie nachhaltig wirken.

Kurz: Schülerinnen und Schüler merken alles. Und das ist auch gut so. Sie merken, ob der Lehrer gut oder schlecht gelaunt ist. Sie merken, ob die Lehrerin ihr Fach mag oder nicht. Sie merken, ob die Wertschätzung ernst oder strategisch gemeint ist. Sie merken, ob der Lehrer unter Stress steht oder entspannt ist. Sie merken, ob eine Lehrerin das sagt, was sie denkt, oder ob sie nur das sagt, was von ihr erwartet wird. Sie merken es selbst dann, wenn sie nicht bewusst wahrnehmen, dass sie es merken. Deswegen können ihre Reaktionen auf Lehrerverhalten gelegentlich den Ansprüchen eines geordneten Feedbacks widersprechen. Jedenfalls ist das, was im analogen Raum geschieht, immer mehr als das, was »ich« als Lehrer bewusst wahrnehme. Und das gilt auch für die Schüler. Die meisten Interaktionen in der Lehrer-Schüler-Beziehung entziehen sich beidseitig dem Planbaren und Berechenbaren, im Unterschied zur Interaktion mit Maschinen. Gott sei Dank. Die Beziehungsdimension ist das Medium des pädagogischen Vorbildparadoxes: Erst wenn ich als Lehrer dazu stehe, dass ich mich nicht verstecken kann, kann ich mich loslassen, mich der Lerngruppe sowie dem Gegenstand des Unterrichts selbstvergessen zuwenden. Genau dadurch werde ich aber auch zum Vor-Bild.

Vorbild sein gelingt also in den allermeisten Fällen dann, wenn die Vorbilder gar nicht intentional Vorbilder sein wollen, sondern einfach das tun, was dran ist: durch den grauen Alltag trotten oder den Alltag durchbrechen, wenn die Situation es erfordert; geplanten Unterricht wegen eines Trauerfalls in der Klasse beiseitelegen; bei einer Gewaltsituation die Gewalt stoppen und dabei selbst Risiken eingehen; einen Schüler um Verzeihung bitten, wenn man bei ihm eine Grenze verletzt hat, und so weiter. Oft erfahren Lehrkräfte ja erst Jahre später, worin sie Jugendlichen in deren Jugendzeit Vorbild gewesen sind und sie geprägt haben.

Dazu ein Beispiel: Ich erhielt einen Brief von einer ehemaligen Schülerin. Sie hatte vor zwanzig Jahren bei mir Abitur gemacht. Im Brief schaute sie dankbar auf ihre Schulzeit zurück. Die Zeiten heute seien so unruhig, so gehetzt, schrieb sie. Man komme nicht mehr zur Ruhe. Alles müsse schnell gehen. Immer wenn sie das merke, denke sie an bestimmte Situationen in ihrer Schulzeit zurück. An meinen Unterricht. Ich hätte nämlich »immer so eine Ruhe ausgestrahlt«. Ich war überrascht. Ich erinnerte mich genau an den Kurs. Es war ein Kurs, der mich unter Stress setzte. Zum Beispiel lief es mit dem Unterrichtsgespräch oft sehr zäh. Ich stellte eine offene Frage und erntete Schweigen. Das machte mich unruhig. Schnell schob ich eine Frage nach – entweder dieselbe Frage mit anderen Worten oder eine Frage, die die Frage irgendwie präzisieren sollte. In meinem Kopf ratterte es. Schweigen die Schüler, weil sie die Frage nicht verstehen? Weil sie Angst voreinander haben? Weil sie Angst vor mir haben? Irgendwie gelang es mir dann doch, ein Gespräch anzuschieben. Manchmal klappte es auch nicht. Dann wich ich auf andere Arbeitsaufträge aus. Eines Tages entschloss ich mich, meine Strategie zu verändern. Ich nahm mir vor, eine Frage zu stellen und dann das anschließende Schweigen der Gruppe zunächst einfach auszuhalten. Sollte ich selbst innerlich zu unruhig werden, nahm ich mir vor, der Gruppe zu sagen: »Lasst euch ruhig Zeit zum Nachdenken. Wir haben es nicht eilig« – eigentlich mehr zum Zweck der Selbstberuhigung, als um die Gruppe zu beruhigen. Die war ja eher *zu* ruhig. So geschah es auch. Ich saß in hoher innerer Anspannung da und ließ das Schweigen zu. Schließlich, nach einer oder zwei Minuten Stille – was gefühlt eine sehr lange Zeit sein kann – geschah das Wunder. Eine Schülerin, genauer: eben jene Schülerin, deren Brief ich zwanzig Jahre später in den Händen hielt, meldete sich. Sie formulierte vorsichtig einen eigenen Gedanken. Zögerlich reagierten andere auf den Beitrag, mit Ergänzungen, Nachfragen, Beispielen aus der eigenen Erfahrung, mit neuen Gedanken. Ein Stein fiel mir vom Herzen. Meine Anspannung ließ nach. Ich konnte mich darauf zurückziehen, das Gespräch zu moderieren, gelegentlich Formulierungen und Erkenntnisse für die ganze Gruppe hervorzuheben, mit einem Fachterminus zu belegen oder an der Tafel einen Vermerk für das abschließende Protokoll zu machen. Nach diesem Erfolg beschloss ich, es in Zukunft immer so zu halten, wenn ich Lerngruppen mit einer offenen Frage zu einem Unterrichtsgespräch einlud. Zuerst einmal Schweigen aushalten, mehr noch: zunächst einmal diejenigen, die sofort den Finger oben haben und sprechen wollen, ein wenig zu bremsen: »Lass den anderen noch Zeit, nachzudenken!«

Durch den Brief, den ich in den Händen hielt, wurde mir nun der erhebliche Kontrast zwischen meiner damals gefühlten inneren Unruhe und der überraschenden Rückmeldung bewusst, ich »hätte« damals »immer so eine Ruhe ausgestrahlt«. Das ist die vorbildhafte Wirkung der analogen Präsenz, gerade dann, wenn eben diese Wirkungen gar nicht im Blick sind. In dem Kontrast zwischen der gefühlten inneren Unruhe und der nach außen ausgestrahlten Ruhe wird etwas Unverfügbares sichtbar, das sich zwischen Lehrer und Lerngruppe ereignet. Es ist das erwähnte Vorbildparadox. In jeder Kommunikation zwischen einer einzelnen Lehrkraft und einer Lerngruppe schlummert eben etwas Unverfügbares, das sich dem strategisch-pädagogischen Zugriff entzieht, und das besonders kostbar ist.

Digitalisierung

Dass analoge Präsenz das A und O für gelingendes Lernen ist, ist nicht antidigital gemeint. Eine digital ausgestattete

Schule bietet für den Unterricht natürlich Möglichkeiten, die sehr wertvoll sind: Präsentation, Recherche, Individualisierung, Fernunterricht, hybride Formate. Digitale Technik ermöglicht es auch, auf Notsituationen so zu reagieren, wie es in vordigitalen Zeiten nicht möglich gewesen wäre. Ich denke zum Beispiel an einen Schüler, der wegen einer schweren Erkrankung mehr als ein Jahr zu Hause im Bett liegen musste. Über einen Avatar nahm er am Unterricht teil und blieb so in Verbindung mit seinen Mitschülern.

Auch in der Schulverwaltung ist digitale Ausstattung unverzichtbar. Sie müsste dort sogar prioritär ausgebaut werden. Curricular ergeben sich ebenfalls neue Themen und damit auch neue Chancen, von digitaler Grundbildung bis hin zur Einführung des Faches Informatik. Die Digitalisierung selbst wird in der »digitalisierten Schule« immer mehr zum Gegenstand des Diskurses. Große Fragen stehen mit neuer Aktualität an. Sie interessieren Kinder und Jugendliche entsprechend ihrem Alter, und sie sind auch nicht auf ein Fach einzugrenzen: Ist der Körper eine Maschine? Sind Bewusstsein und Intelligenz dasselbe? Ist physische Unsterblichkeit erstrebenswert? Ist ethische Urteilsfähigkeit programmierbar? Was unterscheidet eine Meinungsäußerung von einem Argument? Was bedeutet der Verlust eines gemeinsamen öffentlichen Raumes im Internet für die Demokratie? Was ist Medienkompetenz? Wie erkenne ich Fake News? Und so weiter.

Und schließlich stapeln sich neue Aufgaben für Intervention und Prävention angesichts der Missbrauchsmöglichkeiten von sozialen Medien und Internet. Da Kinder und Jugendliche auch nach der analogen Unterrichtszeit miteinander im Netz verbunden bleiben, verschwimmen die Grenzen zwischen der Zeit in der Schule und der Zeit außerhalb der Schule immer mehr. Vorgänge außerhalb der Schule, die früher die Schule nicht beschäftigt hätten, wirken heute mit großer Wucht in die Schule hinein und können kaum mehr mit dem Hinweis auf Nichtzuständigkeit ausgelagert werden.

Damit verändert sich auch das Profil des Lehrberufes. Lehrerinnen und Lehrer müssen die Dynamiken der Kommunikation im Netz selbst verstehen lernen, um zu begreifen, was die Kinder und Jugendlichen umtreibt und bewegt. Es geht aber auch um ganz praktische Dinge. Je mehr digitale Technik in der Schule steht und den Unterricht mittragen soll, umso mehr hängt gelingender Unterricht daran, dass die Technik funktioniert. Dafür sind die Lehrkräfte zuständig, nicht die Schülerinnen und Schüler. Der unter Lehrkräften sprichwörtlich gewordene digitale Konjunktiv (»Es *müsste eigentlich* klappen«) zeigt zugleich das Problem der Fehleranfälligkeit von Technik an, das die Lehrkräfte überfordert. Im Falle der Abiturpanne 2023 in Nordrhein-Westfalen – wegen eines missratenen Updates und wegen nicht ausreichender Serverkapazität gelang es 600 der 900 Gymnasien und Gesamtschulen in NRW nicht, die zentral gestellten Aufgaben in den Fächern Biologie, Chemie, Ernährungslehre, Informatik, Physik und Technik wie vorgeschrieben vom Server eines externen IT-Dienstleisters herunterzuladen – erreichte das Problem mal wieder eine größere öffentliche Aufmerksamkeit. Im schulischen Alltag ist es im Kleinen notorisch präsent: Es *müsste eigentlich* klappen, klappt aber nicht. Die technischen Aufgaben absorbieren Zeit und Energie der Lehrkräfte. Sie gehen für das eigentliche unterrichtliche Geschehen (und die inhaltliche Vorbereitung des Unterrichts) verloren.

Schule digital auszustatten bedeutet jedenfalls mehr, als bloß Tablets zur Verfügung zu stellen, Gebäude an das WLAN anzuschließen und Whiteboards in den Klassenräumen aufzustellen. Den Eindruck, das würde genügen, vermitteln die standardisierten Bilder von Klassenräumen, die in den Medien gezeigt werden, wenn heutzutage über Schule und Bildung berichtet wird. Aber selbst wenn die Ausstattung so weit wäre oder schon ist, ist die Schule noch lange nicht »digitalisiert«. Denn indem Schulen ausgestattet werden, verändern sich auch die Anforderungen an das professionelle Handeln in der Schule. Zum Beispiel muss die personale Ausstattung von Schule neu geordnet werden. Das betrifft die Systembetreuung, die Aufstellung der Verwaltung sowie das Verhältnis von Verwaltungsaufgaben und pädagogischen Aufgaben in der Schule, und das alles im größeren Zusammenhang von neuen Betreuungs- und Kriseninterventionsaufgaben. Diese drängen sich ja in dem Maße nach vorne, wie Kinder und Jugendliche täglich immer mehr Zeit in der Schule analog verbringen und zugleich auch über die sozialen Medien digital nach der Schule weiter miteinander verbringen.

Digitale Grundbildung ist ein Element funktionaler Grundbildung, wie sie von der OECD verstanden wird. So weit, so gut. Das Tempo der digitalen Entwicklung ruft allerdings gleichzeitig nach Langsamkeit als Freiraum für ein anderes Lernen, dem das Lerntempo nicht einfach von außen vorgegeben wird. »Muße« und »Sabbat« eben. Verlangsamung widersteht aber der funktionalen Ausrichtung von Bildung, sofern diese meist unter Zeitdruck steht. Es sind ja gerade die aktuellen Krisenlagen, die neuen schlechten Ergebnisse von internationalen Vergleichsstudien oder neue Erkenntnisse über digitales Suchtverhalten unter Kindern und Jugendlichen, die gesellschaftlichen Druck auf die Schulen ausüben, und dies umso stärker, je mehr die Schule zur letzten entscheidenden Sozialisationsinstanz geworden ist, der zugetraut wird, langfristig auf die gesellschaftlichen Problemanzeigen einzugehen. Ein riesiger Erwartungsdruck baut sich vor der Schule auf und will ihr Beine machen, die Probleme zu lösen. »Deutschland hinkt in der digitalen Ausstattung hinterher« hat einen appellativen Subtext in Richtung Beschleunigung. Aber erst durch Verlangsamung mitten im Beschleunigungsstrudel entsteht ein nachhaltiger pädagogischer Ertrag, der dann auch funktional verwertet werden kann. Die Beschleunigungseffekte im digitalen Zeitalter fordern die Schule heraus, bewusst zu verlangsamen.

Das Auftauchen von ChatGPT hat jüngst in den Schulen neue Nervosität ausgelöst. Durch ChatGPT gibt es bisher nicht bekannte Möglichkeiten zu tricksen und zu täuschen. Jugendliche nutzen sie, die Schule wird Mittel und Wege finden, sich dagegen abzusichern. Pannen, wie sie im vergangenen Jahr beim NRW-Abitur aufgrund eines Update-Fehlers stattfanden, verunsichern ebenfalls. Aus solchen Fehlern wird man lernen können. Auch wenn Zauberlehrlinge wie der Tesla-Chef Elon Musk oder der Apple-Mitbegründer Steve Wozniak in einem öffentlichen Aufruf appellieren, die Entwicklung von künstlich-intelligenten Systemen sofort (!) zu unterbrechen, muss man nicht in Panik verfallen. Ihre Befürchtung besteht ja bloß darin, dass neue Programme im Bildungsbereich zu einem massiven Arbeitsplatzabbau führen könnten, eben weil Lehrende durch KI und Roboter ersetzt werden – sozusagen eine kritisch gewendete ökonomistische Sicht auf Schule. Aber solche öffentlichen Aufrufe nach Moratorien sind mehr als nur kurzsichtig. Sie verbleiben in der panikgetriebenen, gehetzten Grundstimmung. Verlangsamung als Gegenbewegung zur Beschleunigung ist nicht dasselbe wie Unterbrechung der Entwicklung durch Moratorien – um später wieder in dieselbe einzusteigen. Das Verlangsamungspostulat bezieht sich auf eine Haltung mitten in den Beschleunigungsprozessen. Diese allerdings kann und muss in der Schule eingeübt werden.

Nutzenparadox und Prävention

Der Begriff »Präventionsparadox« stammt aus der Epidemiologie und besagt: »Wenn durch erfolgreiche Prävention die Folgen einer Krise weniger gravierend ausfallen, führt das zu einem Vertrauensverlust in die ergriffenen Maßnahmen, obgleich sie ja der Grund für die nun erreichte günstigere Situation sind«,[47] und zwar deswegen, weil die Präventionsmaßnahmen ihrerseits Kosten verursachen, Mühe bereiten oder sogar Schaden in Kauf nehmen, um den größeren befürchteten Schaden durch eben die Präventionsmaßnahmen zu verhindern. Präventionsmaßnahmen können also an ihrem Erfolg scheitern, oder vorsichtiger formuliert: Die Motivation einer Gesellschaft für Prävention sinkt in dem Maße, in dem diese erfolgreich ist. In vielen Fällen lässt sich ohnehin nicht eindeutig klären, ob die Maßnahme der Grund dafür ist, dass die »ungünstigere Situation« nicht eingetreten ist. Wie sehr das Thema jedenfalls das Zeug dazu hat, ein ganzes Land zu spalten, konnte in den Coronajahren besichtigt werden.

Präventionsanliegen haben in den letzten Jahren mehr und mehr die Schulen erreicht, meist anlässlich von erschütternden und erschreckenden Vorfällen wie sexuellem

Missbrauch, Amokläufen, antisemitischen oder rassistischen Übergriffen. Die »üblichen« Präventionsthemen kommen hinzu: Alkohol und Drogen, Gesundheit, Brandschutz. Immer mehr neigt auch die Gesellschaft dazu, auf herausragende Katastrophenereignisse sehr zeitnah mit der Frage nach der Prävention zu reagieren. Darin liegen Fallen. Als im Januar 2010 sexualisierte Gewalt von zwei ehemaligen Jesuiten-Lehrern am Canisius-Kolleg in den Siebziger- und Achtzigerjahren aufgedeckt wurde, stellte die Öffentlichkeit sofort die Frage an die Kollegsleitung: »Was tun Sie für die Prävention?« Die Frage lenkte aber, je dringlicher sie gestellt wurde, von dem zunächst vorrangigen Anliegen der Aufklärung ab, sie konnte und kann ihm sogar schaden. Denn Prävention ohne Aufklärung greift nicht tief genug.

Oder um ein nichtschulisches Beispiel für den verfrühten Präventionsdruck unmittelbar nach Katastrophen zu nennen: Als vor neun Jahren ein psychisch kranker Pilot von Germanwings ein Flugzeug in den Alpen zum Absturz brachte, diskutierten die ersten Kommentatoren schon am selben Tag die Frage, ob dieser Absturz durch richtige Präventionsmaßnahmen hätte verhindert werden können. Es war aber gerade eine Präventionsmaßnahme gewesen – nämlich die Möglichkeit, im Falle eines terroristischen Angriffs die Tür zum Cockpit von innen zu verschließen –, die es dem Suizidpiloten ermöglichte, die Tür von innen zu verschließen, als sein Co-Pilot für einen Moment das Cockpit verlassen hatte. So konnte er ungehindert die Maschine in den Untergang steuern. Präventionsmaßnahmen zu unterschiedlichen Anliegen können eben auch miteinander konkurrieren.

Immer wenn sich schlimme Vorfälle an einer Schule ereignen, steht natürlich auch die Schule selbst vor der Frage nach der Prävention, entweder rückblickend: »Hätte das durch bessere Vorsorge verhindert werden können?«, oder vorwärtsblickend: »Was können wir tun, dass sich ein solches Ereignis nicht wiederholt?« Die Fragen drängen nach Antwort. Andererseits erfordert die Antwort, wenn sie seriös sein und dann auch effektiv umgesetzt werden soll, Investition von Zeit und Personal in den Schulalltag. Keine Prävention ohne Kosten. Aufgrund des Präventionsparadoxes stehen die Maßnahmen damit wieder langfristig vor einem Motivationsproblem. Die Motivation für Prävention ist hoch, solange die Schule unter dem Eindruck des schlimmen Vorfalls steht. Wenn Schüler- und Lehrergenerationen nachwachsen, die den Anlass gebenden Vorfall nicht selbst erlebt haben, sinkt mit der Erinnerung auch die Motivation. Keine Motivationsmaßnahme kann den Schock wieder wachrufen, der einst eine ganze Schule dazu brachte, entsprechende Präventionsanliegen ernst zu nehmen und anzugehen.

Das ist die Stelle, an der sich das Präventionsparadox mit dem pädagogischen Nutzenparadox trifft, mitten im Herzen des Bildungsgeschehens: Es gibt pädagogische Maßnahmen, die ihren Zweck in sich selbst haben und zugleich einen erheblichen Nutzen für jeweilige Präventionsanliegen abwerfen, selbst wenn dieser gar nicht direkt intendiert ist und es auch keinen aktuellen Anlass dazu gibt. Es ist sogar klug, solche Maßnahmen erst gar nicht unter dem Titel oder in der primären Intention »Präventionsmaßnahmen« einzuführen, weil sonst auf Dauer das Präventionsparadox wieder zuschlägt und die Motivation sinkt.

Am Vormittag des 26. April 2002 ereignete sich am Gutenberg-Gymnasium in Erfurt ein Amoklauf. Ein neunzehnjähriger ehemaliger Schüler des Gymnasiums erschoss elf Lehrer, eine Referendarin, eine Sekretärin, zwei Schüler und einen Polizeibeamten. Daraufhin tötete er sich selbst. Am Vormittag des 11. März 2009 tötete ein siebzehnjähriger Schüler in der Albertville-Realschule in Winnenden und in deren Umgebung fünfzehn Menschen und zuletzt sich selbst, nachdem er von der Polizei gestellt worden war. Elf weitere Menschen wurden schwer verletzt. Es sind wohl diese beiden Amokläufe, die am nachhaltigsten in das kollektive Gedächtnis des Landes eingegangen sind. Die ersten, naheliegenden Präventionsmaßnahmen, die an vielen Schulen eingeführt wurden, waren eher technischer Art. Zum Beispiel wurden die Klassentüren von innen her abschließbar gemacht, denn im Unterschied zum Brandalarm, bei dem alle Personen das Gebäude verlassen müssen, ist es beim Amokalarm angebracht, dass sich alle im Klassenraum verbarrikadieren, bis Hilfe kommt.

Schwieriger war und ist aber die tiefergehende Frage zu beantworten: An welchen Symptomen kann man erkennen, dass ein Schüler etwas Vergleichbares wie einen Amoklauf plant? Ist depressiver Rückzug ein solches Symptom? Wenn ja, dann kann das im Umkehrschluss doch nicht bedeuten, dass jeder Schüler, bei dem Phänomene depressiven Rückzugs sichtbar sind, unter den Verdacht gestellt wird, ein potenzieller Amokläufer zu sein. Ohnehin wäre ein solcher Blick auf Jugendliche in depressiven Krisen von den Lehrkräften emotional nicht durchzuhalten. Lehrkräfte und Schulleitungen können sich auch nicht aus Präventionsgründen in einen ständigen Alarmzustand versetzen (lassen), wenn diese oder jene Phänomen bei einem Schüler auftauchen, die man auch als Symptome für Schlimmeres deuten kann.

Die Lösung liegt in der strukturellen Prävention. Eine effektive Möglichkeit, bei dem Stichwort »depressiver Rückzug« anzusetzen, ohne sich ständig in die Amok-Verhinderungsmentalität zu versetzen, sind verschärfte Kontrollmaßnahmen bei unentschuldigten Fehlstunden, insbesondere bei Schülerinnen und Schülern der Oberstufe, dort, wo die unentschuldigten Fehlstunden aufgrund des Kurssystems am schwierigsten zu kontrollieren sind. Bei Zeugniskonferenzen fallen ja immer wieder einzelne Schülerinnen und Schüler mit signifikant hoher unentschuldigter Fehlstundenzahl auf. Eine Reaktion darauf kann sein: Sie werden zum Einzelgespräch mit dem Schulleiter zitiert. Der Einstieg an das Gespräch erfolgt mit einem Hinweis: »Du hast in diesem Halbjahr insgesamt sechzig unentschuldigte Fehlstunden. Fehlstunden sind für uns ein Symptom, hinter dem sich vielleicht eine persönliche Krisensituation verstecken könnte. Hast du vielleicht ein Problem, das dich sehr bedrückt?« Die Frage überrascht die meisten Schüler zunächst, die eher mit einer Ermahnung oder einer Sanktion gerechnet haben – die es im Fall der Fälle ja auch geben kann. Aber in einigen Fällen kommen hinter dem Phänomen der unentschuldigten Fehlstunden auch tatsächlich seelische, familiäre oder andere Probleme zum Vorschein, die wiederum zu heilsamen Kriseninterventionen führen können: Probleme mit den eigenen Eltern, Verschuldung, Erpressungssituationen, zugeschnappte Beziehungsfallen. Je mehr also die Maßnahme »genaue Kontrolle der unentschuldigten Fehlzeiten« im Interesse der Amokprävention greift, umso mehr zeigt sich ihr pädagogischer Nutzen über die Amokprävention hinaus, und dies, ohne von einem Präventionszweck her begründet zu sein. Denn eine Schule, die das Phänomen »unentschuldigte Fehlstunde« nicht ernst nimmt, nimmt sich als Institution nicht ernst, und muss allein schon deswegen reagieren.

Prävention und Kultur

Kultur konkretisiert sich in Strukturen. Mit der strukturellen Dimension von Prävention steht deswegen das Thema der Schulkultur als ganzer auf der Tagesordnung. Das lässt sich in jüngerer Zeit beispielhaft an der Prävention sexualisierter Gewalt nachzeichnen. Mit der Aufdeckung sexualisierter Gewalt am Berliner Canisius-Kolleg im Frühjahr 2010 stand das Thema der Prävention sexualisierter Gewalt an Schulen über Nacht im Fokus der öffentlichen Aufmerksamkeit, weit über die Schule in Berlin hinaus. Rückblickend lässt sich eine Vertiefung der Präventionsphilosophie feststellen, eine Vertiefung, die auch wieder mit dem pädagogischen Nutzenparadox zusammenhängt.

Am Anfang steht das Entsetzen – in diesem Falle das Entsetzen über den offensichtlich verbrecherischen Charakter der Gewalttaten von Lehrkräften gegenüber Schülerinnen und Schülern. Es geht dabei im Kern um Machtmissbrauch. »Sexueller Missbrauch« setzt eine asymmetrische Beziehung voraus, eine Beziehung also, in der ein Machtgefälle waltet: Eltern-Kind, Arzt-Patient oder eben Lehrer-Schüler. Solche asymmetrischen Beziehungen sind in der Regel keine freiwillig eingegangenen Beziehungen auf Augenhöhe. Sie haben – jedenfalls für die Kinder, Patientinnen oder Schüler – meist unausweichlichen Charakter. Auch Schulen, in denen die Abflachung der Machtasymmetrie zum pädagogischen Programm gehört(e), sind (und waren) anfällig für Machtmissbrauch und sexualisierte Gewalt. Denn auch hinter egalitärer Sprache (allgemeiner Duz-Comment, »alles wird bei uns demokratisch entschieden« und so weiter) verstecken sich die real existierenden Machtasymmetrien (Erwachsene-Jugendliche/Kinder, Lehrende-Lernende). Das Verstecken der Machtverhältnisse begünstigt wiederum Machtmissbrauch.

Das Entsetzen nach der ersten Aufdeckung von sexualisierter Gewalt drängt auf schnelle, eher äußerliche Maßnahmen, die man nach außen hin auch präsentieren kann: Schulräume transparent machen, keine Einzelgespräche mit Kindern und Jugendlichen hinter verschlossenen Türen führen, Stundendeputat für Vertrauenslehrer erhöhen (obwohl es ja gerade die Lehrperson des Vertrauens ist, die das Vertrauen missbraucht), Kontrolle von Lehrkräften verstärken (erweiterte polizeiliche Führungszeugnisse einholen), Selbstverpflichtungserklärungen unterschreiben. Auf Lehrerseite kommen solche Maßnahmen allerdings tendenziell als Generalverdächtigung an. Das behindert die innere Aneignung der Maßnahmen. Mit Druck allein gewinnt man jedenfalls kein Kollegium dafür, sich den eventuell vorhandenen Sinn solcher Maßnahmen nachhaltig anzueignen. Und schon gar nicht hilft der Hinweis, dass die Maßnahmen nötig sind, um Eltern und Öffentlichkeit zu zeigen, »dass wir etwas machen«. Und schließlich haben solche Maßnahmen und Auflagen die Schwäche, dass man sie zwar alle umsetzen kann – und dann läuft der Betrieb dennoch weiter wie bisher.

Einen Schritt weiter kommt die Schule, wenn sie die nächste Frage der Prävention erkennt, die das eigene Selbstverständnis berührt: Wie können die Verantwortlichen in der Institution (Lehrkräfte, Schulleitung) weniger abwehrend, sondern aufmerksamer hinhören, wenn betroffene Kinder und Jugendliche zu ihnen sprechen? Die Frage rührt an die bedrängende Erfahrung, dass Opfer zu sprechen versuchten und nicht gehört wurden. Mit diesen präventionsrelevanten Fragen nehmen sich alle Verantwortlichen in der Schule nicht als potenzielle Täter, sondern als potenzielle Schwerhörige, Taube oder auch Vertuscher in den Blick. Aus der Perspektive der Betroffenen gehört ja gerade dies konstitutiv mit zur Erfahrung des Missbrauchs: Die Institution versagte, weil sie ihrer Schutzpflicht nicht nachkam, als die Gelegenheit dazu da war.

Wenn Schulleitungen oder Schulämter Straftaten von Kolleginnen und Kollegen zum Zwecke der Strafvereitelung vertuschen, dann ist diese Vertuschung selbst schon eine Straftat. Doch das ist nicht der Normalfall der Vertuschung. Sie beginnt, wenn hartnäckig sich haltenden Gerüchten über Lehrergewalt nicht nachgegangen wird; wenn ein hermetischer Loyalitätskodex unter Kollegen Beschwerden über Kollegen aussichtslos macht; wenn das Image der Schule im Fall der Fälle Vorrang hat vor Intervention und Aufklärung; wenn die strukturelle Überforderung von Leitungen vor Ort, eingeklemmt zwischen glaubwürdiger Beschwerde eines Jugendlichen und der Fürsorgepflicht auch für den beschuldigten Kollegen, nicht durch neue Strukturen (z. B. unabhängige Ombudspersonen) überwunden wird. Mit solchen Themen ist aber bereits die Schulkultur als ganze berührt.

Wenn sich Fachleute einen Eindruck darüber verschaffen wollen, ob eine Schule ein funktionierendes Kinderschutzkonzept hat, fragen sie die Schülerinnen und Schüler zunächst, ob sie wissen, wo und wie sie sich beschweren können, wenn ihnen das Essen in der Cafeteria nicht schmeckt. Die Frage nach der allgemeinen Beschwerdekultur ist der Frage nach dem konkreten Beschwerdeverfahren im Falle des schlimmstmöglichen Verbrechens an Kindern vorgeordnet. Eine transparente, faire Beschwerdekultur zu errichten hat dann aber auch ihren pädagogischen Sinn in sich selbst, nicht nur in Bezug auf die Prävention sexuellen Missbrauchs. Ansprechen von kleineren und größeren Missständen, Schülerbeschwerden über Lehrer, Schülerbeschwerden bei Lehrern über Mitschüler, Instrumentalisierung von Beschwerden für Eigeninteressen, Möglichkeiten und Grenzen von Wahrheitsfindung, Notwendigkeit und Grenzen der Unschuldsvermutung, Unterscheidung von Petzen und Beschwerden, Konfliktmanagement – all diese Themen und einige mehr gehören zu einer pädagogisch funktionierenden Schulkultur. Im Kern geht es um die Überwindung der Angst und um eine Kultur des Vertrauens. Hier kann eingeübt werden, was auch nach dem Schulabschluss und weit darüber hinaus stilbildend für das eigene Selbstverständnis und für fortlaufende Selbstbildung werden kann. Der präventive Effekt für den speziellen Effekt der sexualisierten Gewalt steigert sich in dem Maße, wie es gelingt, eine Vertrauen bildende und Vertrauen schützende Beschwerdekultur einzuüben.

Weil sexualisierte Gewalt durch die Aufdeckung von verbrecherischen Taten in der Schule ansprechbar geworden ist, ist damit zu rechnen, dass auch andere Dimension sexualisierter Gewalt in der Schule zum Vorschein kommen, etwa sexualisierte Gewalt zwischen Schülerinnen und Schülern, zwischen Gruppen und Einzelnen (sexualisierte Initiationsrituale), Grooming im Cyberraum etc. Desgleichen ermutigt die innerschulische Überwindung des Gewalttabus Kinder und Jugendliche, sich in der Schule mit eigenen Gewalterfahrungen innerhalb ihrer Familie anzuvertrauen. Auch hier gilt es, sich als Schule präventiv vor Überforderungen zu wappnen, etwa durch verlässliche Kontakte mit Jugendämtern und Opferschutzgruppen. Letztlich muss der ganze Themenkomplex Gewalt in den Blick genommen werden. So landet die Frage nach der Prävention bei der Frage nach der Schulkultur.

Kultur der Achtsamkeit

Präventionskonzepte neigen dazu, in der Verhinderungsperspektive hängenzubleiben. Eine darüber hinausgehende konstruktive Perspektive löst sich von dieser Fixierung, um gerade dadurch im Sinne des pädagogischen Nutzenparadoxes für die Prävention von noch größerem Nutzen zu sein. Die schulischen Präventionsdiskurse sind – jedenfalls an kirchlichen Schulen – deswegen inzwischen bei der Förderung einer »Kultur der Achtsamkeit« angekommen.

Das Konzept der Achtsamkeit (englisch: mindfulness) stammt aus der buddhistischen Meditationspraxis und bezeichnet eine Form des Hier-und-jetzt-Gegenwärtigseins, körperlich und mental. Ein meditierender Mensch »achtet« auf den Moment, was auch bedeutet: er »bewertet« nicht. Der Sache nach ist Achtsamkeit auch in der spirituellen Tradition Europas bekannt, in der biblischen Tradition ebenso wie in der Neuzeit, etwa in der spanischen Mystik (Ignatius von Loyola, Teresa von Avila) bis hin zu neuesten Schulen und Praktiken »geistlicher Übungen«. Gerade die Unterscheidung zwischen »Wahrnehmen« und »Bewerten« ist für Schulen eine besondere Herausforderung, weil man ja nicht umhinkommt, irgendwann auch zu bewerten – Leistungen und auch Verhalten. Aber gerade deswegen ist diese Unterscheidung so wichtig, damit Bewertung da, wo sie zur Aufgabe von Schule gehört, nicht bloß spontanen Impulsen entspringt, sondern an Verfahren gebunden ist.

Seitdem die Anliegen von Gewaltprävention und Kinderschutz in Kitas und Schulen an Aktualität gewonnen haben, sind Themen ansprechbar geworden, die vor 2010 in Kollegenkreisen eher befremdet hätten, zum Beispiel alle Fragen, die ein angemessenes Verhältnis von Nähe und Distanz betreffen. Ist es etwa angemessen, dass Lehrkräfte mit Schülerinnen und Schülern in sozialen Medien kommunizieren? Aus organisatorischen Gründen spricht gelegentlich einiges dafür, aus Nähe-Distanz-Gründen gibt es aber auch nachvollziehbare Bedenken. Oder: Ist es angemessen – und wenn ja: unter welchen Bedingungen –, mit Schülerinnen und Schülern privaten Kontakt zu pflegen? Es kann ja sein, dass private Berührungsflächen auf familiärer Ebene vorliegen, die unproblematisch sind. Es kann aber auch sein, dass Lehrkräfte die professionelle Beziehungsebene nutzen, um überhaupt erst private Kontakte aktiv zu knüpfen. Dann wird es problematisch. Oder: Welche Themen können von Lehrkräften aktiv in den Unterricht eingebracht werden und welche nicht? Das geht bis in politisch relevante Fragen des Curriculums hinein.

Im Frühjahr 2014 löste etwa ein Arbeitspapier der baden-württembergischen Landesregierung »zur Verankerung von Leitprinzipien für Lehrpläne« erregte Debatten aus. Im Bereich »Prävention und Gesundheitsförderung« formulierte das Papier Kompetenzen und »mögliche Inhalte« eines künftigen Lehrplans an den Schulen des Landes, u. a. auch die Kompetenz, »sich selbst als Persönlichkeit wahrnehmen, beschreiben und entfalten zu können«, mit dem inhaltlichen Ziel, »die eigene sexuelle Identität zu *erkennen*«. Aus Präventionsperspektive ist hier genauer hinzuschauen. Erkenntnis der *eigenen* sexuellen Identität ist kein allgemeines Lernziel von Schule, und zwar gerade wegen der Machtasymmetrie im Lehrer-Schüler-Verhältnis. Schule muss denjenigen Schülerinnen und Schülern, die während ihrer Schulzeit ihre eigene sexuelle Identität erkennen und öffentlich aussprechen, den nötigen Schutz vor Diskriminierung geben. Dazu gehört auch die rechtzeitige Thematisierung der vielfältigen sexuellen Identitäten und Lebensformen einschließlich der menschenrechtlichen Gesichtspunkte des Diskriminierungsverbotes im Unterricht. Aber: Existenzielle Selbstoffenbarungen von Schülerinnen und Schülern dürfen nicht aktiv »von oben« angezielt werden, und zwar genau wegen des Machtgefälles in der Lehrer-Schüler-Beziehung nicht. Schamgrenzen bei den Jugendlichen sind auch deswegen in der Schule besonders zu beachten, weil die Mitschüler und Mitschülerinnen einander keine freiwillig ausgesuchten Gesprächspartner, sondern sie durch die Entscheidungen der Schulorganisation zusammengekommen sind. Bewusstwerdung von Sexualität, sexuellen Sehnsüchten und Präferenzen geschieht im vertrauten, informellen Gespräch mit Peers, Freunden und Vertrauenspersonen.

Eine Kultur der Achtsamkeit nimmt auch die Sprache in den Blick, und zwar sowohl das Sprechen von Lehrkräften *vor* den Schülern als auch das Sprechen von Lehrkräften untereinander *über* Schüler, zum Beispiel auf Konferenzen. Die Sprache, die hinter verschlossenen Türen unter Kollegen über Schüler gepflegt wird, schimmert ja nonverbal durch, wenn dieselben Lehrkräfte vor den Schülern stehen. Standards gewaltfreier Kommunikation betreffen die gesamte Sprachkultur in einer Institution. Eine Lehrkraft kann zum Beispiel von Jugendlichen nicht erwarten, dass diese zwischen Ich-Botschaften und Du-Botschaften unterscheiden, wenn sie es selbst nicht tut. Genauso wenig entsteht eine achtsame Gesprächskultur, wenn das Einmaleins des Sender-Empfänger-Modells nicht eingeübt und beachtet wird, demzufolge eine Botschaft – verbal, nonverbal oder paraverbal – entschlüsselt werden muss, bevor sie als verstanden gelten kann. Bei disziplinarisch relevanten Vorfällen, die die Emotion besonders hochschnellen lassen, ist die für das Achtsamkeitskonzept zentrale Unterscheidung zwischen Wahrnehmung (im Hier und Jetzt) und Bewertung von spielentscheidender Bedeutung. Das hat dann viel mit der Kunst zu tun, sich selbst auszuhalten[48] und auf einige Sprechregeln zu achten, wie zum Beispiel die, Verhalten zu beschreiben (und erst dann zu bewerten), nicht Personen. Es gilt: Nicht dieser Junge »ist hinterhältig«, sondern er »lockt Mitschüler in Hinterhalte«. Nicht jenes Mädchen »ist böse«, sondern ihr Verhalten »verletzt Mitschülerinnen«. Diese und weitere Regeln einer »Kultur der Achtsamkeit« greifen in einer Schule, wenn Lehrkräfte und Schulleitungen sie sich selbst aneignen – in Fortbildungen, Supervisionen oder sogar eigener Meditationspraxis. Was sie im eigenen Achtsamkeitstraining erworben haben, können sie den Kindern und Jugendlichen weitergeben – im Alltag, auf Besinnungstagen, bei Projekten, auf Kursfahrten, in Regeln und Riten. Gerade in diesem Bereich wirkt jedenfalls das gelebte Vorbild stärker als alle Worte, zumal alle appellativ moralisierenden Worte. Der präventive

Nebeneffekt steigert sich dann in dem Maße, in dem es gelingt, die Bedeutung einer Kultur der Achtsamkeit für gelingendes Lernen und gelingende Lehrer-Schüler-Beziehung besser zu begreifen und zu bejahen.

Prävention und Religion

Am 7. Februar 2005 wurde die Deutsch-Kurdin Hatun Sürücü Opfer eines sogenannten Ehrenmordes. Einer ihrer Brüder tötete sie an einer Bushaltestelle in Berlin durch drei Kopfschüsse. Das Ereignis löste bundesweit Entsetzen aus. An einigen Schulen war die Einschätzung allerdings nicht einhellig. Lehrer berichteten, dass es Schüler gebe, die »Ehrenmord« rechtfertigten. Wenn sich ein Mädchen nicht an die Verhaltensnormen wie Häuslichkeit und Keuschheit halte, »müssten« die Brüder oder andere sie töten. Gesellschaft und Politik waren alarmiert. Der Berliner Senat beschloss einige Monate später, ein Pflichtfach zur Werteerziehung einzuführen, in dem Schülerinnen und Schüler im Klassenverband über unterschiedliche Vorstellungen von Ehre und Moral sprechen können, begleitet von einer fachkundigen Lehrkraft. Das Fach sollte auch bewusst die Schülerinnen und Schüler nicht nach Religions- und Konfessionszugehörigkeit trennen, sondern alle gemeinsam religionskundlich über die unterschiedlichen Religionen informieren. Von seinem Anlass her gesehen hatte das neue Fach also ausdrücklich auch eine präventive Zweckbestimmung.

Es ist eine Binsenweisheit: Religionen sind immer mit kulturellen Traditionen verbunden. Sie legitimieren Kultur und können sie auch kritisch infrage stellen, je nachdem. Jedenfalls transportieren sie »Werte«. Die entscheidende Frage lautet: Welche Werte? Werte können im Widerspruch zu anderen Werten stehen, entweder zu Werten innerhalb derselben Religion oder zu Werten anderer Religionen oder zu Werten einer säkularen Gesellschaft, die sich an Artikel 1 des Grundgesetzes orientiert. Spätestens hier ist Schule herausgefordert, Stellung zu beziehen. Die Stellungnahme liegt nicht in der Bevorzugung des einen religiösen Bekenntnisses vor dem anderen. Eine säkulare Gesellschaft muss von einem neutralen Standpunkt gegenüber den einzelnen Religionen ausgehen, wobei »neutral« nicht »wertfrei« bedeutet. So weit, so gut.[49]

Doch das Problem des Verhältnisses von Religion und säkularer Bildung ist vertrackter. Es lässt sich nicht auf Prävention reduzieren, nicht zuletzt deswegen, weil auch hier wieder das pädagogische Nutzenparadox lauert. Das hat sich auch nach der Einführung des allgemeinen Wertefachs nicht verändert. Eine Nachricht dazu lässt aufhorchen. Im Herbst 2020 wurde in Berlin-Neukölln eine »Stelle gegen konfrontative Religionsbekundungen« eingerichtet, eine Anlauf- und Registrierstelle für religiös begründetes »Dominanzverhalten« von Jugendlichen in der Schule: Mobbing von Schweinefleisch essenden Mitschülern, Beschimpfung von als christlich wahrgenommen Mitschülern als »Kreuzfahrer«, Gewalt gegen Mädchen, die kein Kopftuch tragen usw. »Expertinnen und Experten« sollen auf Grundlage der Meldungen gezielt die entsprechenden Fälle aufarbeiten. Die Stelle wird vom DEVI e. V. (Verein für Demokratie und Vielfalt in Schule und beruflicher Bildung) getragen, der sich »schon mehrere Jahre lang erfolgreich in der Prävention von konfrontativen Religionsbekundungen in Berliner Schulen engagiert.«[50]

Auch in diesem Fall dominiert zunächst das Präventionsanliegen. Doch die Debatte um das Projekt greift eine Schicht tiefer. Zu klären ist, ob die Rechtfertigung von Gewalt aller Art – Antisemitismus, Rassismus, Homo- und Transfeindlichkeit oder Sexismus – bloß auf Missbrauch von Religion zurückzuführen oder ob sie ein Problem der Religion selbst sei. Die Beantwortung dieser Frage ist mit einer Vorentscheidung über die Prämissen verbunden, unter denen Präventionskonzepte entworfen werden. Schaut man beim DEVI e. V. näher nach,[51] so fällt die Konzentration auf Islamismusprävention auf, mit Seitenblick auf vergleichbare Probleme und auf neue Lösungsversuche in Frankreich, insbesondere in den Pariser Banlieues. Dabei wehrt sich der Verein einerseits gegen den Vorwurf der Islamophobie. Andererseits will er mit der Prämisse der üblichen Präventionsphilosophie aufräumen, wie sie etwa auch im 16. Kinder- und Jugendbericht der Bundesregierung (Berlin 2020) vorherrsche.[52] Dort nähere man sich dem Phänomen der religiösen/islamistischen Radikalisierung »nahezu ausschließlich über *strukturellen Rassismus* und *strukturelle Diskriminierung*« in der Aufnahmegesellschaft. Die Jugendlichen würden so »auf die Opferrolle abonniert«. Diskriminierung in der Aufnahmegesellschaft, Markierung als Muslime sowie tief schlummernder Rassismus würden dann als die eigentlichen Ursachen für religiöse Radikalisierung unter Schülerinnen und Schülern angesehen, nicht die Religion selbst.[53]

Mit Rückgriff auf die Entwicklungspsychologie von Erik H. Erikson stellt der Verein die Gegenthese auf. Religiöse Herkunftswelten seien tief eingewoben in das Gewebe der jugendlichen Psychologie. Diese nicht ernst zu nehmen, bedeute, die Jugendlichen selbst nicht ernst zu nehmen. »Die Behauptung, dies alles habe mit dem Islam nichts zu tun, verweigert den Jugendlichen in letzter Konsequenz jegliche Ernsthaftigkeit – und zwar sowohl als Personen als auch im pädagogischen Prozess selbst. Prävention, die die Jugendlichen wesentlich entlang von Opfer-Narrativen wahrnimmt, begegnet ihnen in einer bevormundenden Haltung, die ihnen die wenigen verbleibenden Mittel zur Lösung der existentiellen Krise, als die Jugend mit Erikson beschrieben werden kann, aus der Hand nimmt.«[54]

Dem ist allein schon deswegen zuzustimmen, weil diskriminierendes Dominanzverhalten, das religiös motiviert ist, grundsätzlich nicht nur ein Problem von muslimischen Jugendlichen, sondern auch von Jugendlichen aus anderen Religionen ist und/oder sein kann. Antisemitismus, Rassismus, Homo- und Transfeindlichkeit, Sexismus und vieles andere mehr kommt auch bei Christen, Hindus, Buddhisten und Juden vor (und, nebenbei gesagt, auch bei Schülerinnen und Schülern, die sich als Agnostiker oder Atheisten bezeichnen). Dafür braucht man nicht nur auf die Gotteskrieger der religiösen Rechten in den USA zu blicken[55] oder auf den hindu-nationalistischen Furor in Indien, auf Rassismus bei jüdischen Siedlern in Palästina oder die

Vertreibung der Rohingya im buddhistischen Myanmar. Dieselben Probleme liegen vor der jeweils eigenen Haustür. Aber das führt dann auch Schule und Gesellschaft als ganze vor eine sehr grundsätzliche Frage: Anerkennt sie die religiöse Frage, die »Frage nach Gott« überhaupt noch als eine ernsthafte Frage? Oder ist Religion als Thema für den schulischen Diskurs nur noch dann relevant, wenn es darum geht, »konfrontativen Religionsbekundungen« zu begegnen oder andere Präventionsanliegen zu verfolgen. Es gibt auch nichtkonfrontative Religionsbekundungen. Man kann ja die Frage nach Gott – nicht nur die von religiös geprägten Kindern und Jugendlichen aus allen möglichen Konfessionen, sondern auch die aus agnostischen und religionslosen Elternhäusern – als unterrichtender Lehrer oder als von außen intervenierende Expertin nur dann ernst nehmen, wenn man sie für sich selbst ernst nimmt, das heißt für diskurswürdig hält. Dann aber ist die »Frage nach Gott« nicht nur bedeutsam für Präventionskonzepte, sondern gehört in ein Konzept von Allgemeinbildung, die Zweck an sich selbst ist, auch in einem säkularen Bildungskonzept.

Es geht hier um mehr als »nur« um Religionsunterricht. Verachtung der Religion[56] verweigert Kindern und Jugendlichen den unterrichtlichen Diskurs über die religiösen Fragen, die sie de facto in die Schule mitbringen, egal, ob sie aus religiös geprägten oder agnostischen Elternhäusern kommen. Ein Kind, das zum ersten Mal in seinem Leben bewusst dem Tod begegnet – und sei es nur der Tod des eigenen Meerschweinchens –, stellt keine dumme Frage, die eigentlich nicht in die Schule hineingehört, wenn es wissen will: »Wo ist es jetzt?« Ein junger Mensch, der mit dem Wahrheitsanspruch von Offenbarungsreligionen ringt, hat einen Anspruch darauf, diesen mit den Ansprüchen der kritischen Vernunft abzugleichen, um Argumentationsfähigkeit zu erlangen: Was sind gute Gründe zu glauben, und was sind schlechte Gründe zu glauben? Was sind gute Gründe, nicht zu glauben, was sind schlechte Gründe, nicht zu glauben? Man kann ja schließlich auch in Bezug auf religiöse Fragen das Argumentationsniveau unterschreiten. Das Bildungsziel der Argumentationsfähigkeit schließt auch den Diskurs über das Verhältnis von praktischer und theologischer Vernunft ein: Ist das ethisch Gute deswegen gut, weil Gott/»die Religion« es will, oder will Gott/»die Religion« das ethisch Gute, weil es gut ist? Es sind solche »übernützliche« Fragen, die am Ende auch den präventiven Effekt von religiöser Bildung steigern, gerade weil sie über das Anliegen des Nutzens für Prävention hinausgehen.

Bildung und Erziehung

Schule ist eine Zwangsinstitution. Schülerinnen und Schüler sind nicht freiwillig in der Schule, auch diejenigen nicht, die gerne in die Schule gehen. Sie kommen der Schulpflicht nach. Hinzu kommt der Zwang vorgegebener Regeln, die nicht zur Disposition stehen, sowohl systemisch (Abläufe, Prüfungen, Termine, Konferenzen) als auch disziplinarisch (Gewaltverbot, Präsenzpflichten, Pünktlichkeit).

Wie aber kann unter den Bedingungen des Zwangs Freiheit möglich werden, oder um es mit Kant zu formulieren: »Wie kultiviere ich die Freiheit bei dem Zwange?«[57] Sicherlich nicht dadurch, dass diese Paradoxie überspielt wird, weder dadurch, dass der Zwang in der Schule einfach aufgehoben wird, noch dadurch, dass Kinder und Jugendliche zu Freiheit »erzogen« werden, so als könne Freiheit ein Produkt erzieherischer Tätigkeit sein. Auch scheindemokratische Verfahren lösen die Spannung zwischen Zwang und Freiheit nicht auf. Was im Schulalltag zur Disposition von Abstimmungen gestellt werden kann, darüber kann abgestimmt werden – mehr aber auch nicht. Demokratieerziehung in der Schule funktioniert hingegen nicht, wenn das Mehrheitsprinzip die Leitung übernimmt. Es gibt nichtdelegierbare Letztverantwortlichkeiten, die bei den Lehrkräften und bei der Schulleitung liegen. Macht- und Verantwortungsasymmetrie zwischen Lehrern/Schulleitung und Kindern/Jugendlichen dürfen auch aus anderen, bereits bedachten Gründen nicht verdeckt werden, und ebenfalls nicht die indirekt immer mitschwingende Asymmetrie zwischen Lehrern/Schulleitung und Eltern.

Erziehung gilt als »die soziale Interaktion zwischen Menschen, bei der ein Erwachsener planvoll und zielgerichtet versucht, bei einem Kind unter Berücksichtigung der Bedürfnisse und der persönlichen Eigenart des Kindes erwünschtes Verhalten zu entfalten oder zu stärken«,[58] im Unterschied zu Bildung, die, verstanden als Selbstbildung, im Sinne des pädagogischen Nutzenparadoxes über das hinausgeht, was Erziehung zu leisten vermag. Erziehung geht »planvoll und zielgerichtet« vor, um ein von der pädagogischen Planung »erwünschtes Verhalten« zu entfalten und zu stärken. Sie zielt auf Wertebewusstsein, Werthaltungen und entsprechende Handlungskompetenz. Aber gerade in der planvollen Zielgerichtetheit liegt auch ihre Grenze.

Die Schule als Institution scheint eine innere Dynamik zu haben, die widerständig zu jeglichen Versuchen von Erziehung ist, jedenfalls dann, wenn sie erzieherische Totalansprüche stellt. Erziehung kann in ihr negatives Extrem der Indoktrination abgleiten. Doch da regen sich die systemimmanenten Widerstandspotenziale in der Schule. Bildung opponiert dann gegen Erziehung. Allein schon der Fachunterricht hat ein Potenzial zum Widerstand gegen Indoktrination. Das zeigen Freiheit stiftende Schulerlebnisse in Diktaturen. Der Schriftsteller Walter Jens erinnert sich an den Umgang seines Deutschlehrers mit dem Horst-Wessel-Lied: »Ich werde den Tag nie vergessen, an dem unser Klassenlehrer den Satz ›*Kameraden, die Rotfront und Reaktion erschossen, marschier'n im Geiste in unseren Reihen mit*‹ grammatikalisch erledigte, indem er die Frage stellte, wer hier eigentlich wen erschossen habe, Rotfront die Kameraden oder, was eher anzunehmen, freilich ganz und gar nicht gemeint sei, die Kameraden die Rotfront … *Er* (der Lehrer – KM) verstünde den Artikel *die* als Nominativ, Horst Wessel hingegen als Akkusativ. Da möchten doch bitte sehr wir selbst entscheiden, wer hier im Recht sei! Gestorben, ein für allemal, die Hymne, das Machwerk erledigt mit der aufklärerisch gehandhabten Grammatik.«[59] Grammatik erschließt Potenziale der Kritik – ein transfunktionaler Nutzen guten Sprachunterrichts.

Bildung und Regelbruch

Als sich Greta Thunberg mit ihrem Schulstreikplakat vor die Schule setzte, war das aus Schulperspektive ein »nicht erwünschtes« Ereignis, denn sie entzog sich der Präsenzpflicht in der Schule. In den Blütejahren von »Fridays for Future« wiederholte sich der Vorgang millionenfach: Schulschwänzen für das Klima. Das führte der Schule ihr inneres Paradox von Zwang und Freiheit vor. Würde sie – selbst für einen guten Zweck – die Schul- und Präsenzpflicht aufheben, würde sie den Schülerinnen und Schülern die Möglichkeit verweigern, den Skandal des Regelübertritts zu inszenieren, den sie ja gerade wollten, um Aufmerksamkeit für das Anliegen zu erregen. Die Aufhebung des »Zwangs« würde also gerade *nicht* Freiheit kultivieren, sondern vielmehr, um in der Diktion von Kant zu bleiben, der Willkür Tür und Tor öffnen. Freiheit zeigt sich im Mut, im Fall der Fälle auch gegen eine sinnvolle Regel zu verstoßen und die Konsequenzen dafür zu tragen. Es ist hingegen kein Dienst an der Kultivierung von Freiheit, das pädagogische Paradox von Zwang und Freiheit einfach aufzukündigen. Das Paradox ist vielmehr grundlegend für Selbstbildung im Sinne der Entwicklung von Wertebewusstsein und Wertehaltungen.

Ein anderes Beispiel aus dem Schulalltag: Ein Schüler der 10. Klasse übt seinen Auftrag als Klassenbuchführer präzise und sorgfältig aus. Die Lehrer sind begeistert, zumal der Junge auch noch ein leistungsstarker und beliebter Mitschüler ist. Mit gestochen scharfer Handschrift füllt er die Tabellen im Klassenbuch. Wenn ein Lehrer Eintrag und Unterschrift vergisst, erinnert ihn der Schüler während der Pause vor dem Lehrerzimmer in freundlichem Ton an seine Dokumentationspflicht. Einen Ritus praktiziert er, der im Sekretariat der Schulleitung besonderes Schmunzeln hervorruft. Der ebenfalls sehr verlässlich arbeitende stellvertretende Schulleiter pflegt morgens um 7.10 Uhr pünktlich seinen Dienst anzutreten, 35 Minuten vor Beginn des Unterrichts. Um 7.12 Uhr klopft der besagte Schüler an der Tür des Direktoriums. Der stellvertretende Schulleiter öffnet die Tür einen Spalt und reicht das Klassenbuch hinaus, meist nur, indem er den Arm hinaushält, ohne Blickkontakt. Beide, der Vize und der Schüler, schmunzeln verhalten nach innen, freuen sich an der gegenseitigen Verlässlichkeit.

Mit dem Klassenbuch unter dem Arm stapft der Schüler zum Frühstück (wir befinden uns in einer Internatsschule), und pünktlich um 7.45 Uhr erscheint er zur ersten Stunde im Unterricht.

So geht es täglich das ganze Schuljahr lang. Der morgendliche Ritus an der Tür des Direktoriums wird im Kollegium und in Schülerkreisen geradezu sprichwörtlich. Doch am Ende des Schuljahres, kurz vor den Zeugniskonferenzen, passiert etwas Unerwartetes. Der stellvertretende Schulleiter betritt wie immer um 7.10 Uhr das Büro, greift um 7.11 Uhr zum Klassenbuch der 10. Klasse, und siehe da, es liegt verbrannt und verkohlt neben den anderen Klassenbüchern. Wer kann so etwas getan haben? Mehr noch: Wer kann so etwas dem Schüler angetan haben, der das Klassenbuch ein Schuljahr lang so liebevoll und sorgfältig gepflegt hat? Ratlos und voller Bedauern schaut der Vize den Schüler an, der um 7.12 Uhr anklopft. »Ich muss dir etwas Schlimmes mitteilen. Jemand hat das Klassenbuch verbrannt. Wer könnte das gewesen sein?« Der Schüler lächelt ruhig und erwidert freundlich: »Das war ich.« Der Vize schluckt, und schließlich fragt er: »Warum hast du das getan?« Antwort: »Damit die Fehlzeiten und Tadeleinträge meiner Mitschüler nicht mehr einsehbar sind auf der Zeugniskonferenz.«

Künftige Leistungsträger in einer Gesellschaft zeichnen sich in ihrer Schulzeit nicht immer durch besonders regelkonformes Verhalten aus. Regeln müssen sein. Die Überschreitung von Regeln muss Konsequenzen haben. Das gehört zum systemimmanenten Zwangscharakter von Schule.

Aber die Spannung zwischen Freiheit und Zwang schafft einen bildungsrelevanten Nutzen, der über die Anerkennung der Regeln hinausgeht, nämlich Freiheitsbewusstsein gegenüber bestehenden Regelwerken. Erst dieses Bewusstsein macht es überhaupt möglich, Regeln auch in Freiheit zuzustimmen, statt sich ihnen bloß anzupassen. Wenn es in der Schule nur darum ginge, »planvoll und zielgerichtet« bei Kindern und Jugendlichen »erwünschtes Verhalten zu entfalten oder zu stärken«, wäre das zu wenig für den Anspruch einer Bildungsinstitution. Erst wenn die Regeln, die Auskunft über erwünschtes oder nichterwünschtes Verhalten geben, aus eigener Einsicht heraus in Freiheit bejaht werden, kann von einem Bildungserfolg gesprochen werden, und zwar nicht allein wegen der inhaltlichen Übereinstimmung mit der Regel, sondern wegen der Freiheit, mit der es zu dieser Übereinstimmung kommt. Dazu muss der Zwang aber auch irgendwie aufgehoben werden, nicht von der Institution, aber vom Subjekt her, sprich: vom Schüler oder der Schülerin. Im Umkehrschluss bedeutet das nicht, dass Regeln nur dann bei Schülerinnen und Schülern Geltung beanspruchen können, wenn sie von diesen in Freiheit bejaht werden. Die Spannung zwischen (kultivierter) Freiheit und »dem Zwang« bleibt auch im Falle der Übereinstimmung beider erhalten.

Die Selbst-Erkenntnis des Schülers, der das Klassenbuch verbrennt – Selbst-Erkenntnis auch im Sinne der eigenen Erkenntnis –, besteht darin, dass ihm die Solidarität mit seinen Mitschülern in der Situation, in der sich diese befinden, wichtiger ist als die geschätzte ordentlichen Klassenbuchführung. Die Schule reagiert auf diesen Vorgang zunächst disziplinarisch: Der Schüler wird ein neues Klassenbuch kaufen müssen. Er wird im neuen Klassenbuch einen Klassenbucheintrag erhalten. Er wird für den Rest seiner Schulzeit wohl nicht mehr ein Klassenbuch führen dürfen, also einen Dienst nicht mehr leisten dürfen, den er offensichtlich besonders gerne geleistet hat, zumal er ihm einen ironischen Umgang mit seiner leichten Neigung zu Zwanghaftigkeit erlaubte.

Andererseits hängt an der weiteren Reaktion der Schule sehr viel für die Bestimmung des Verhältnisses von Freiheit und Zwang in der Schule ab, zumal davon auszugehen ist, dass sich der Vorgang in der Schülerschaft herumgesprochen hat. Der Schüler, der das Klassenbuch verbrannt hat, und die Schulleitung stehen im Stadion; das Publikum schaut gespannt zu: Der Schüler hat sich offen zu dem Regelbruch bekannt. Er hat ihn mit der Solidarität begründet. Er erwartet nicht, dass ihm wegen seiner honorigen Intention die Konsequenzen erspart werden, vielmehr ist er bereit, die Konsequenzen anzunehmen. Dadurch anerkennt er die Autorität der Schule und die Geltung des Regelwerks. Es bleibt die Möglichkeit, die Lauterkeit seiner Intention unter Verdacht zu stellen: »Das hat er nur getan, um sich bei seinen Mitschülern beliebt zu machen«, oder: »Er will die Schulleitung öffentlich vorführen.« Aber es ist auch möglich anzuerkennen, dass in dem Regelbruch ein Freiheitsbewusstsein zum Ausdruck kommt, das geradezu erwünscht ist, wenn sich die Schule als Bildungsinstitution versteht.

Die Geschichte des Schülers endete jedenfalls so: Er erhielt am Ende seiner Schulzeit bei der Abiturfeier den Schulpreis für besonderes soziales Engagement. Sein soziales Engagement hatte auch nach der Sanktionierung der Klassenbuchaktion nicht nachgelassen, und zwar nicht, weil er diese Auszeichnung erwerben oder gar etwas wiedergutmachen wollte, sondern weil er erkennbar weiter aus freier Einsicht den Sinn von sozialem Engagement anerkannt und praktiziert hatte. Zwang kultiviert Freiheit.

Bildung und Ritus

Als der Berliner Schulsenator im September 2001 für alle Schulen in Berlin eine Schweigeminute im Gedenken an die Opfer der Anschläge von 9/11 anordnete, regte sich in den Schulen Widerstand. Das Vorhaben würde die Schülerinnen und Schüler überfordern, so der Tenor. In der Öffentlichkeit waren daraufhin empörte Stimmen zu hören, nach dem Motto: »Das muss doch möglich sein. Nur eine Minute.« Doch wer so redet, hat keine Ahnung, weder von der Kraft noch von der Verletzlichkeit von Riten, von Stille und von gemeinsamen existenziellen Erfahrungen in der Schule. Gerade Riten leben von einer Zustimmung der Teilnehmenden, die nicht erzwungen werden kann.

Zum schulischen Leben gehören Riten und Traditionen. Zum ersten Schultag gehört die Schultüte, zum Abitur gehört die Abiturfeier mit feierlicher Zeugnisübergabe und mit Reden. Auf Klassen- und Kursfahrten werden familienähnliche Riten praktiziert: gemeinsamer Tagesbeginn, gemeinsame Mahlzeiten, gemeinsamer Tagesabschluss, geordnete Nachtruhe.

Riten stiften Gemeinschaft, und dies nicht nur für den Augenblick, sondern über Generationen hinweg, über Wiedererkennbarkeit. Sie leben von ihrer Selbstverständlichkeit. Der Unterricht beginnt damit, dass alle miteinander im Stehen still werden, um einander zu begrüßen: »Guten Morgen.« Dann erst setzen sich alle. Mit Riten des Abschlusses wird die letzte Unterrichtsstunde am Tag beendet. Eine Chorprobe wird mit Stimmübungen begonnen, eine Sportstunde mit Lockerungsübungen, eine Fremdsprachenstunde mit Vokabelabfragen oder mit einer anderen Gewohnheit, je nach Lehrer oder Lehrerin. Und übrigens: Wenn in Familien verlässliche Riten praktiziert werden (gemeinsames Frühstück vor Schulbeginn, Gute-Nacht-Riten), dann hat auch dies einen empirisch messbaren positiven Effekt für das Lernen in der Schule.

Riten begründen Zugehörigkeitsgefühl, nach innen wie nach außen. Besondere Fest- und Gedenktage werden auch besonders begangen: Der Tag der Deutschen Einheit, der Gedenktag der Schulpatronin oder andere besondere Tage, die die Schule mit einer größeren Tradition verknüpfen. An kirchlichen Schulen beginnt der Tag mit einem Schulgebet. Zu besonderen Anlässen werden Messen gefeiert, nach einem vorgegebenen Ritus, der weltweit wiedererkennbar ist. Das begründet ein globales Zugehörigkeitsgefühl über die nationalen Grenzen hinweg. Existenziell herausfordernde Momente, die gemeinsam erlebt und bewältigt werden sollen, sind auf Riten angewiesen. So ist es an vielen Schulen üblich geworden, bei besonderen Anlässen dieser Art – Tod eines Mitschülers, Amoklauf an einer Schule, »Zeitenwende«-Ereignis – Kerzen an einem dafür bestimmten Ort anzuzünden, Kondolenzbücher aufzustellen und Gelegenheiten für stille Trauer zu schaffen. Gerade für die Bewältigung von Ereignissen, die sprachlos machen, ist es wichtig, über Riten zu verfügen, die nicht erst in dem Moment der Herausforderung erfunden werden müssen. Riten helfen, wo Worte versagen.

Mit Riten wird auch Zugehörigkeit demonstriert. Die eigene Besonderheit einer Gruppe im Unterschied zu anderen wird darin gelebt. Mit Riten demonstrieren Menschen, wer sie sind, wofür sie stehen, was sie zusammenhält. Jugendliche haben ein großes Bedürfnis, Identität gerade auch über Abgrenzung zu demonstrieren, angefangen mit Schulkleidung und T-Shirts, auf denen das Logo der Schule abgebildet ist. »Wir sind besonders.« Jeder Abiturjahrgang möchte zu seinem Abschied etwas Neues veranstalten, das vorher noch in niemandes Sinn gekommen ist – einen Abischerz, an den sich noch Generationen erinnern sollen, ein Event, das bei jedem Jubiläumstreffen mit leuchtenden Augen neu beschworen werden kann.

Dem widerspricht nicht, dass Jugendliche zugleich sehr konservativ sind. Gerade weil Riten kollektive Identität begründen, sind sie emotional hochbesetzt. Das Traditionsargument ist unter Jugendlichen ein sehr starkes Argument. »Das ist an unserer Schule so üblich.« Gelegentlich kann das in Kombination mit neuen Riten zu einem Traditions-Overkill führen. Seit einigen Jahren wird das an den immer mehr gesteigerten Abiturfeierlichkeiten deutlich, die inzwischen auch Negativschlagzeiten machen.[60] Im Laufe der Jahre sind Traditionen entstanden, die als ein »Muss« gelten und beinahe schon wieder Zwangscharakter haben: Abiball, Abihappening, Mottowoche, Abibuch, Abischerz, Abipartys (zur Finanzierung der Abisaturnalien), Abiabschlussfahrt. Dieser Aspekt der Vorbereitung fordert inzwischen auch Schulleitungen immer mehr heraus. Wie das Feiern gelingen und wie es misslingen kann, das ist zweifellos eine außerordentlich wichtige Frage gerade für eine Bildungsinstitution. Feste feiern ist Selbstzweck (weswegen auf Schulfesten im Übrigen auch nicht immer für einen guten Zweck, etwa für die Renovierung der Turnhalle oder für neues digitales Equipment gesammelt werden sollte), ein Selbstzweck, der kollateral sehr viel pädagogischen Nutzen abwirft: Sinn für Form und Inszenierung, Kenntnisse in Organisation und vieles andere mehr.

Riten können wild und destruktiv werden, so sehr, dass die schulische Autorität vor ihnen kapituliert. Ein Beispiel dafür sind die Rankings in Schülerzeitungen. Jugendliche bewerten einander anonym nach Kriterien, unter denen einige auch diskriminierend, sexistisch oder rassistisch sind. Das kann zu tiefen Verletzungen führen, die den Rückblick auf die gesamte Schulzeit überschatten. Solche Rankings sind so sehr zur festen Tradition in deutschen Schulen geworden, dass sie sich allein über Verbote nicht unterdrücken lassen. Verbote würden nur bewirken, dass sich Rankings diskriminierenden Inhalts im Untergrund noch heftiger austoben. Es bleibt nur der Weg, die Kriterien jedes Jahr neu in Gesprächen zwischen Redaktionen und Schulleitungen zu besprechen und abzumachen. Der Gewinn solcher Gespräche ist ein bildungsrelevanter Diskurs über Stilfragen, die keineswegs nebensächlich sind, sondern Herzensbildung ausmachen.

Es gibt destruktive Riten, vor denen die Schule gar nicht kapitulieren darf, sondern denen sie kompromisslos entgegentreten muss. Meist handelt es sich dabei um entwürdigende Initiationsrituale unter Jugendlichen, die subkulturelle Hierarchien begründen: »Wenn du dich unterwirfst, gehörst du dazu.« Oft werden solche Rituale als Späße betrachtet; sie sind es aber nicht. Zum Beispiel negative »Taufen«: Neue Schüler der unteren Jahrgänge gehören erst dazu, wenn sie sich auf dem Schulhof jagen und in eine Mülltonne stecken lassen. Neue Internatsschüler gehören erst dazu, wenn sie sich nachts überfallen und nackt unter die Dusche stellen lassen. Die Opfer befinden sich bei solchen Ritualen in einer ambivalenten Gefühlslage: Einerseits fürchten sie sich vor dem Ritual, weil es sie entwürdigt, andererseits wollen sie, dass es an ihnen vollzogen wird, weil sie dann dazugehören und dasselbe Ritual an den nächsten Neuen vollstrecken können. So breitet sich subkulturell ein Ritus der Gewalt bei gleichzeitig toxisch wirkender Verschleierung der Gewalt aus, ein Ritus, der den Geist einer Schule oder eines Internates negativ prägt.

Destruktive Riten sind bildungsfeindlich, weil sie eine Atmosphäre der Angst erzeugen, nicht nur bei den Peers, sondern auch bei Lehrkräften und Schulen. Destruktive

Riten fordern in kategorischem Ton Anpassung. Konstruktive Riten hingegen sind bildungsförderlich, weil sie Gemeinschaft fördern, den Tag rhythmisieren, Konzentration ermöglichen, Motivation gerade auch in Krisenzeiten unterstützen und Identität stiften, die über die Schule und die Zeit in der Schule hinaus wirkt.

Bildung und Stille

Zurück zum Berliner Schulsenator und zu seiner Aufforderung, eine Schweigeminute für die Opfer des Attentates vom 11. September 2001 abzuhalten. Diese Minute war nicht durchführbar, weil der Ritus der Schweigeminute nicht eingeübt war, jedenfalls an den meisten Schulen nicht. Stille in der Gemeinschaft ist ein besonders verletzlicher Ritus. Er kann schon nach einigen Sekunden durch Kichern oder demonstrative Geräusche gestört werden, und das verletzt dann gerade diejenigen, die sich auf die Stille existenziell eingelassen haben. Im Falle eines so aufwühlenden Ereignisses wie 9/11 braucht nur ein Schüler eine falsche Parole hineinzurufen, und schon ist der Sinn der Schweigeminute in das Gegenteil verkehrt. Es ist ja nicht vorauszusetzen, dass alle Schülerinnen und Schüler in einer Lerngruppe in derselben Weise von dem Terrorakt betroffen sind, wie die Behörde es erwartet, die zu der Schweigeminute aufruft. Und es ist ebenfalls nicht vorauszusetzen, dass die Jugendlichen im Umgang mit den mitunter heftigen eigenen Gefühlen geübt sind, die gerade in der Stille Raum gewinnen und bewusst werden.

Aber nicht zuletzt deswegen, weil gemeinsame Stille äußerst verletzlich ist, hat sie als Ritus einen besonders hohen Wert für die Herzensbildung. Deswegen sei auf sie am Ende dieses Abschnitts über Schule eigens hingewiesen. Gemeinsame Stille kann nicht verordnet werden. Sie kann aber eingeübt werden. Durch die Einübung kann sie zu einer gemeinsamen Erfahrung werden, die von allen Beteiligten geschätzt wird. Sie kann sogar zu einem sinnstiftenden Ritual für eine ganze Schule werden, das darüber hinaus für besondere Situationen zur Verfügung steht. Ein Lehrer, Naturwissenschaftler, in Meditation erfahren, pflegte seine Unterrichtsstunden mit kurzen Wahrnehmungs- und Stilleübungen zu beginnen: »Setzt euch gerade hin. Senkt den Blick. Spürt das Gewicht eures Körpers auf dem Stuhl und auf dem Boden. Legt die Hände ineinander. Spürt den Atem.« *Stille.* »Und nun bewegt den rechten Zeh nach links.« *Stille.* »Und nun den linken Zeh nach rechts.« *Stille.* »Und nun kommt wieder zu euch. Öffnet die Augen.« Und dann erst begann der Unterricht.

Die Schülerinnen und Schüler waren anfangs befremdet, gewöhnten sich jedoch schnell an diesen Ritus, so sehr, dass sie bei der Abiturfeier vor großem Publikum darauf zurückkamen. Bei dem öffentlichen Dank vor versammeltem Kollegium, Freunden und Eltern, den die Schule traditionell beim Abiball in der Turnhalle veranstaltet, wurde auch der Leistungskurs-Physik-Lehrer nach vorne gebeten, um ein Geschenk zu erhalten. Die Schülerin lobte seinen Unterricht und ergänzte: »Am Anfang jeder Stunde haben Sie mit uns eine kleine Übung gemacht. Zuerst fanden wir sie komisch, doch nun blicken wir dankbar darauf zurück. Könnten Sie diese Übung jetzt hier in diesem Raum mit allen Anwesenden machen? Sie dauert ja nur zwei Minuten, und dann können wir weiterfeiern.« Der Lehrer traute sich, wandte sich den Gästen zu und fing an: »Setzen Sie sich alle hin, auf den Stuhl oder auf den Boden. Spüren Sie das Gewicht Ihres Körpers.« Und so weiter. Nach zwei Minuten konzentrierter Stille beendete er die Übung. Die Stille, der Mangel an Stille, die täglich erlebte Beschleunigung und Hetze – sie waren für den Rest des Abends *das* Gesprächsthema in der überfüllten Turnhalle. Die Atmosphäre der Feier wirkte entspannter und friedlicher als in den Jahren zuvor und endete mit signifikant weniger Alkoholexzessen.

Die Kompetenz, gemeinsam Stille zuzulassen, kann eine Schulkultur sehr tief und positiv prägen, sie als Ganze humanisieren, Lehrkräfte miteingeschlossen, wenn sie denn tatsächlich eingeübt ist und nicht bloß bei besonderen Gelegenheiten mit Peitschenknall und moralischem Druck durchgesetzt werden muss. Es gibt unendlich viele Gelegenheiten, bei denen Stille abgerufen werden kann: am Anfang des Unterrichts, am Ende des Unterrichts (zum Beispiel auch mit einer Frage zur Besinnung angereichert: Was nehme ich jetzt aus der letzten Stunde für mich persönlich mit?), bei Schulversammlungen zu besonderen Anlässen, bei Traueranlässen, bei Feiern. Stille ist mehr als äußerliches Schweigen. Sie ist eine innere Erfahrung. Sie öffnet für innere Erfahrung. Diese ist wiederum der Ort, an dem die Selbstbildung beginnt, Charakterbildung reift. Als Element einer Schulkultur ist sie ganz wesentlich eine

Erfahrung von gemeinsamem Schweigen. Stille in einem leeren Raum klingt anders als Stille in einem mit Menschen gefüllten Raum, die sich gemeinsam der Stille öffnen. Es kommt dann zur Öffnung nach innen die Öffnung nach außen hinzu, in den mit Stille gefüllten Raum hinein, eine starke Erfahrung von Zugehörigkeit und Solidarität, über Unterschiede und Gegensätze hinweg.

Stille öffnet für das Hören. Hören als Kompetenz ist mehr als bloß äußerliches Anhören von Stichworten, die dem eigenen Sprechen Anlass bieten, das zu sagen, was man schon immer sagen wollte; man hört eigentlich nicht zu, sondern wartet nur, bis der oder die andere aufhört zu sprechen, um das Eigene zu sagen. Die Kompetenz des Hörens wird durch die Übungen der Stille erworben, etwa durch tägliche kleine Übungen, die darin bestehen, zwischen dem Hören auf den anderen und dem eigenen Sprechen eine Stille einzulegen, eine Unterbrechung, die die Reflexion auf das Gehörte überhaupt erst ermöglicht. Der Akt der Reflexion ist ja seinerseits ein Hören, ein Hören nach innen: »Was habe ich gerade gehört?« Selbstbildung erfolgt dialogisch. »1. Selbst denken. 2. Sich an die Stelle eines anderen denken. 3. Mit sich selbst in Übereinstimmung denken.« (Kant) Zur Umsetzung einer solchen Reflexionskultur im Unterricht liegen mannigfaltige Vorschläge vor.

In der Stille wird das Bewusstsein als der »Schwebezustand« (Joachim Bauer) erweitert, in dem sich das Selbst und die inneren Bewegungen treffen, die durch Lernstoff, aber auch durch soziale Interaktion in der Lerngruppe, in der Familie, in Unterrichtsgesprächen ausgelöst werden.

Religiös musikalische Menschen werden darin auch die selbsttranszendierenden Bewegungen spüren, ohne sich im säkularen Kontext der Schule ausgegrenzt fühlen zu müssen. Im Fall der Fälle drängt die in der Stille erfahrene Bewegung nach außen, in eine Mitteilung, eine Aktion. Stille ist eine Quelle der Kreativität. Kreativität ist ein elementarer Vollzug von Muße, die ihren Nutzen für weiteren Kompetenzerwerb gerade dann abwirft, wenn der Nutzen nicht primär intendiert wird.

III. DEMOKRATIE UND HERZENSBILDUNG

Demokratie braucht Herzensbildung. Diese fängt in Familie und Schule an und interagiert von dort aus mit der Gesellschaft. Angesichts eines grassierenden Vertrauensverlusts in die demokratischen Institutionen und angesichts wachsender Spaltungen in den demokratischen Gesellschaften werden seit einiger Zeit weit über die Familie und die Schule hinaus die Rufe nach Besinnung auf klassische Tugenden wie Demut, Nächstenliebe und Gemeinsinn lauter, so etwa in der neuesten Publikation des US-amerikanischen Erfolgsautors David Brooks *How to Know a Person*. In einem Interview äußert er dazu: »Alle Moralphilosophie beschreibt den Versuch, ein besserer Mensch zu werden. Kunst, Musik und Literatur helfen ihm dabei. Sie haben im Deutschen das Wort *Herzensbildung*.«[61]

Im deutschsprachigen Raum hat sich der Jenaer Soziologe Hartmut Rosa jüngst vernehmlich zu Wort gemeldet und dazu aufgerufen, »aufzuhören«, im doppelten Sinne des Wortes. In einer Gesellschaft, die sich im Zustand des »rasenden Stillstandes« befindet, hätten »Resonanzen« es schwer. Sie bräuchte Räume, in denen Herzen überhaupt wieder anfangen können zu hören und zu schwingen, im Sinne des salomonischen Gebetes 1 Kön 3,9: »Gib mir ein hörendes Herz …«. Solche Räume böten Religionen, insbesondere die Kirchen mit ihren spirituellen und liturgischen Ressourcen.

Rosa legt Wert darauf, dass er als Soziologe und nicht als »irgendwie religiöser Mensch« spricht. Seine Analyse lautet: Die moderne Gesellschaft befindet sich im Beschleunigungs*zwang*. Sie *muss* Wachstum generieren, um den Status quo zu halten. Aus der Zukunft winkt den Menschen keine bessere Welt mehr zu. Dafür häufen sich Krisen, die sie von hinten einzuholen und auf die abschüssige Bahn zu bringen drohen. In dieser Situation geht der »Sinn für Vorwärtsbewegung« verloren. Einst wurde er durch die Fortschrittsversprechen der Moderne angefeuert und brachte ja auch tatsächlich Fortschritt mit sich. Doch nun laufen die modernen Gesellschaften nicht mehr einem Ziel entgegen, das vor ihnen liegt. Sie werden stattdessen von Problemen gejagt, die sie selbst geschaffen haben. In dieser Situation macht sich nun eine Logik des »rasenden Stillstandes« breit, stetige Beschleunigung, um nicht zurückzufallen. Sie stiftet »systematisch ein Aggressionsverhältnis zur Welt«. Der steigende Energieverbrauch bei gleichzeitigem Stillstand erschöpft nicht nur das Klima, sondern auch die menschliche Psyche. Die Zahl der *To-do*-Listen explodiert, der Aggressionspegel steigt, Schreien und Anbrüllen ersetzen Argumentation und Dialog. Das gefährdet die Demokratie, denn »Demokratie funktioniert im Aggressionsmodus nicht«. Sie braucht die Resonanzräume, in denen überhaupt erst wieder »aufgehört« wird, in der ganzen Doppeldeutigkeit dieses »großartigen Wortes«: Anhalten, stoppen, aber auch aufhorchen, nach innen hin lauschen, sich den Resonanzen öffnen.[62]

Dass solche gesellschaftlichen Prozesse der Selbstbesinnung nicht von oben verordnet werden können, erklärt sich von selbst. Verordnete Selbstbesinnung ist keine Selbstbesinnung. Wenn das schon im Zwangssystem Schule nicht funktioniert, dann noch weniger in einer freiheitlichen Gesellschaft. Auch ein wehrhafter Rechtsstaat wird das nicht schaffen, allein schon deswegen nicht, weil er selbst von Voraussetzungen lebt, die er nicht garantieren kann. Er kann zwar dadurch, dass er sich wehrt, einen Beitrag zur Ermutigung derjenigen gesellschaftlichen Kräfte leisten, die sich dem Aggressionsmodus im politischen Diskurs widersetzen. Aber er kommt auch schnell an seine Grenzen, da er immer den Maßstab an sich selbst legen muss, nur mit rechtsstaatlichen Mitteln gegen Autoritäre und Populisten vorzugehen. Darin erscheint er manchmal gerade den demokratischen Kräften in der Gesellschaft schwach. Autoritäres Vorgehen gegen Autoritäre funktioniert nicht. Es macht autoritär. Aber die Schwäche des Rechtsstaates ist gerade seine Stärke, weil er wegen seiner spezifischen Schwäche den Namen »Rechtsstaat« überhaupt erst verdient. Er bedient keine Allmachtssehnsüchte, weder die der Populisten noch die ihrer Fans. Das ist seine Schwäche und Stärke zugleich.

Die beiden Harvard-Politologen Steven Levitsky und Daniel Ziblatt haben sich schon vor einiger Zeit in einer viel beachteten Publikation mit eben der Frage nach den Möglichkeiten und Grenzen des Vorgehens gegen Demokratiefeinde befasst: »Reichen verfassungsmäßige Sicherheitsvorkehrungen allein aus, um Demokratien zu schützen? Wir meinen: nein. Selbst gut durchdachte Verfassungen versagen manchmal.«[63] Aus diesem Befund ziehen sie die Konsequenz, dass die Demokratie auf die Einhaltung *informeller* Normen angewiesen ist, vor allem der Normen der gegenseitigen Achtung und der institutionellen

Zurückhaltung. Politische Gegenpositionen sind prinzipiell als legitim zu akzeptieren und zu achten. Die kontroverse Auseinandersetzung unter Demokraten zielt nicht auf die Vernichtung des politischen Gegners. Und was die gesetzlichen Möglichkeiten und Verfahren betrifft, so dürfen diese nicht bis ins Letzte (und auch noch meist einseitig) ausgereizt werden. Der Umbau des Rechtsstaates in Polen unter der PiS sowie die Schwierigkeiten der neuen Regierung, diesen Umbau nun rückgängig zu machen, sind ein Beispiel dafür, welchen Schaden mangelnde institutionelle Zurückhaltung langfristig anrichten kann. Die Feinde der Demokratie instrumentalisieren die Verfahren, um Demokratie von innen her auszuhöhlen. Zwangsmittel gegen solche Instrumentalisierung kommen an Grenzen. Informelle Normen, auf deren Einhaltung die Demokratie angewiesen ist, sind aber gerade jene Normen, deren Einhaltung nicht erzwungen werden kann. Aus der Paradoxie, die sich daraus ergibt, gibt es kein Entrinnen. Das weist wiederum in die Richtung Herzensbildung.

Levitzky und Ziblatt hatten 2018 bei ihrer Publikation die krisenhaften Zuspitzungen in den USA im Blick. Heute würden sie vielleicht noch schärfer formulieren: »Hätte vor 25 Jahren jemand von einem Land gesprochen, in dem Politiker im Wahlkampf ihren Rivalen androhen, sie ins Gefängnis zu werfen, politische Gegner die Regierung beschuldigen, die Wahl zu manipulieren oder eine Diktatur einzuführen, und Parteien ihre Parlamentsmehrheit nutzen, um Präsidenten ihres Amts zu entheben und die Besetzung von Richterposten zu verweigern, hätte man wahrscheinlich an Ecuador oder Rumänien gedacht, aber bestimmt nicht an die Vereinigten Staaten.«[64] Die beiden Politologen beschränken sich nicht auf die USA. Toleranz und Achtung sind auch in den Ländern Europas auf Dauer nicht aufrechtzuerhalten, »wenn sozioökonomische, ethnische oder religiöse Differenzen extrem parteilich werden, sodass sich die Gesellschaft in politische Lager spaltet, deren Weltanschauungen nicht nur unterschiedlich sind, sondern sich gegenseitig ausschließen.«[65] Wenn die Normen gegenseitiger Achtung und institutioneller Zurückhaltung gebrochen würden, gerate mittel- bis langfristig das Gleichgewicht der Kräfte ins Wanken. Der Schlüssel für das Wohl oder Wehe des informellen demokratischen Grundkonsenses liegt bei den Parteien. Je mehr hingegen die ungeschriebenen Regeln, die »Sitten«[66] verletzt würden, umso mehr mutierten »die legislativen und judikativen Wachhunde zu parteipolitischen Kampfhunden« oder im umgekehrten Falle zu »Schoßhunden der Exekutive«.[67]

Versuche, die Sitten ihrerseits wieder in Regelwerke zu packen oder durch äußere Erfolgsanreize von oben zu fördern, sind Versuchungen. Denn der Charakter der Sitten ist und bleibt letztlich informell. Das ist anzuerkennen, wenn in diesem Zusammenhang von Herzensbildung die Rede ist. Sonst schlagen wieder die kontraproduktiven Mechanismen zu, wie sie aus den Paradoxien der Pädagogik zur Genüge bekannt sind. Gedeihen oder Nichtgedeihen der Sitten entscheidet sich im Alltag, im vorpolitischen Raum, am Stammtisch, am Arbeitsplatz, in Freundeskreisen, in der Auseinandersetzung mit den eigenen kulturellen, familiengeschichtlichen, landsmannschaftlichen und anderen Vorgaben, in denen ein jeder Mensch aufwächst und lebt. Herzensbildung als ein Aspekt politischer Bildung scheitert und muss scheitern, wenn sich Regierungen, Medien und Gerichte gerade an dieser Grenze nicht in Zurückhaltung üben, sondern mit Erziehungsansprüchen auf den subsidiären gesellschaftlichen Raum übergreifen.

IV: CURRICULUM DER HERZENSBILDUNG

Was kann die christliche Tradition beitragen, um in Hartmut Rosas Sinne »aufzuhören« und im Sinne von Levitzky/Ziblatt einen Beitrag zur Stärkung der informellen guten »Sitten« zu leisten. Ich möchte mich dazu abschließend noch einmal der ignatianischen Tradition zuwenden und schlage vor, den Aufbau der ignatianischen Exerzitien als ein Curriculum der Herzensbildung aufzufassen. Die Teilnehmerinnen und Teilnehmer an den »Geistlichen Übungen« werden von Ignatius auf einen Parcours geführt, dessen Ziel das persönliche »Seelenheil« ist, ein Ziel, das im Zusammenhang mit dem Einsatz für das Heil der Welt – oder anders ausgedrückt: für den Dienst an der Gerechtigkeit – gesehen wird. Persönlichkeitsbildung, einschließlich spiritueller Bildung, wird so mit politischer Bildung verbunden. Der Zusammenhang lässt sich gar nicht vermeiden.

Der Parcours der Exerzitien ist in vier Etappen gegliedert, genannt »Wochen«. Die thematischen Schwerpunkte dieser Wochen sind: 1. Umkehr, 2. Ruf in die Nachfolge Christi, 3. Kreuz, 4. Auferstehung. Ignatius stellt dem Ganzen zusätzlich ein »Prinzip und Fundament« voran. Damit lenkt er zunächst den Blick der übenden Person auf das eigene Selbstverständnis. Der Mensch empfängt sich dankbar als Geschenk von Gott und ist dadurch in seinem Ursprung auf Gott hin ausgerichtet. Die Person soll nicht in den Parcours der Herzensbildung einlaufen, ohne eingangs die Grundlage des eigenen Selbstverständnisses bedacht zu haben. Das »Prinzip und Fundament« ist wie ein Notenschlüssel vor dem ganzen Notentext der Übungen.

Der Zielpunkt des Laufs am Ende der vier »Wochen« ist die »Betrachtung, um die Liebe zu erlangen«.[68] Lieben ist die Kernkompetenz von Herzensbildung. Ignatius schließt in erster Linie von Taten auf »Liebe«, so wie sich der Samariter dem geschlagenen Menschen am Wegesrand zuwendet und ihm dadurch Liebe erweist. Ignatius formuliert: »Die Liebe muss mehr in die Werke als in die Worte gelegt werden.« Er fügt den Beziehungsaspekt von Liebe hinzu: »Liebe« ist Mitteilung »von beiden Seiten«, also Wort und Antwort, Gabe und Gegengabe, beides aus innerer Freiheit heraus, nicht bloß geschuldet.

In dem Begriff des »Übens« (»Exerzitium«) kommt der methodische Aspekt des Curriculums zum Ausdruck. Es geht um das Trainieren: »Denn wie Umhergehen, Wandern und Laufen leibliche Übungen sind, genauso nennt man geistliche Übungen jede Weise, die Seele darauf vorzubereiten und einzustellen … den göttlichen Willen in der Einstellung des eigenen Lebens zum Heil der Seele zu suchen und zu finden.«[69] Eine Überwältigungspädagogik wird ausdrücklich ausgeschlossen. Das macht die ignatianische Distanzregel deutlich: Es ist »in diesen geistlichen Übungen beim Suchen des göttlichen Willens angebrachter und viel besser, dass der Schöpfer und Herr sich selbst seiner frommen Seele mitteilt … Deswegen soll die Person, die die Übungen gibt, sich weder zu der einen Seite hinneigen noch zu der anderen, sondern in der Mitte stehend wie eine Waage unmittelbar den Schöpfer mit dem Geschöpf wirken lassen und das Geschöpf mit seinem Schöpfer und Herrn.«[70] Wer auf dem Querbalken einer Waage, an der zwei Waagschalen befestigt sind, in der Mitte steht, befindet sich an derjenigen Stelle des Balkens, an der er das Ergebnis der Wägung *nicht* beeinflussen kann. Die »Mitte der Waage« ist der neutrale Punkt. Diese Voraussetzung muss die Person, die die Übungen anleitet, zunächst einmal bei sich selbst erfüllen. Das ist die Voraussetzung dafür, dass die übende Person, die sich dem Prozess anvertraut, im Verlaufe des Parcours immer mehr den Weg aus dem inneren Hamsterrad findet, um bei sich selbst »in der Mitte der Waage« anzukommen, um selbst zu hören und ins Gespräch mit den inneren »Bewegungen« einzutreten.

Die Reflexion der eigenen inneren Bewegung nennt Ignatius »unterscheiden«.[71] Es ist ja nicht ausgemacht, dass jede Herzensbewegung positiv im Sinne der Förderung einer Herzensbildung zu bewerten ist, die auf die Erlangung der Liebe ausgerichtet ist. Hass wäre es zum Beispiel nicht. Aber auch im Umgang mit diesem Gefühl soll das »hörende Herz« lernen abzuwägen. Man kann mit den eigenen Hassgefühlen so umzugehen lernen, dass sie eine Person zumindest nicht von der Liebe wegführen. Hassgefühle weisen Menschen und Kulturen auf ihre eigenen Wunden hin. Diese müssen ja nicht eingebildet sein. Hass ist meist »alt gewordener Zorn«, Zorn also, der nicht genügend auf seine legitimen oder illegitimen Ursachen hin bedacht wurde.[72]

Jedenfalls: Wer Exerzitien anleitet, muss das Prinzip der »Mitte der Waage« bei sich selbst beachten. Nur wer selbst an diesem neutralen Punkt seiner eigenen Waage steht, kann anderen helfen, auf die Mitte ihrer eigenen Seelenwaage zu kommen. Das ist eine täglich neue Herausforderung. Sie wird in den Exerzitien »nur« geübt, durchaus auch im Hinblick auf die Herausforderungen, in denen die aktuellen gesellschaftlichen Diskurse stehen, gerade in Zeiten verlorenen Vertrauens, ängstlich stimmender Verunsicherung und wachsender gesellschaftlicher Spaltungen.

Dankbarkeit

Für jedes Curriculum ist es von Bedeutung für das Ganze, mit welcher Frage oder mit welchem Thema der Anfang gemacht wird. Ignatius beginnt die Reflexion am Abend eines jeden Tages mit dem Dank, nicht mit dem Blick auf Versagen, Missgeschick und Scheitern: »Der erste Punkt ist: Gott unserem Herrn für die empfangenen Wohltaten zu danken.«[73] Diese Rangordnung gilt auch für den Notenschlüssel vor dem gesamten weiteren Text des Exerzitien-Curriculums. Danken hat im Vergleich zu Bitten oder Klagen in der christlichen Herzensbildung eine eröffnende Funktion. Die zentrale liturgische Feier des Christentums ist die Feier des Dankes: Eucharistie. Der Sohn dankt dem Vater im Himmel am Abend vor Verrat und Hinrichtung: »Er nahm das Brot, dankte, brach es, reichte es ihnen.« Die Jünger von Emmaus begegnen dem Auferstandenen auf der Straße, erkennen ihn aber erst, als er dankt: »Er nahm das Brot, sprach den Lobpreis – der mit Dank beginnt –, brach das Brot.« Die Briefe von Paulus fließen von ständigen Danksagungen über. Er dankt für die Spenden genauso wie für das Evangelium. Die Kommunikation in der Gemeinde soll proaktiv zur Sprache bringen, wofür täglich Dank angesagt ist. Ignatius fasst seinerseits die grundlegende Bedeutung des Dankens folgendermaßen zusammen: »Ich erwäge …, dass unter allen vorstellbaren Übeln und Sünden die Undankbarkeit eines der … am meisten zu verabscheuenden Dingen ist, weil sie Nichtanerkennung der empfangenen Güter, Gnaden und Gaben ist, Ursache, Ursprung und Beginn aller Sünden und aller Übel; und umgekehrt, wie sehr die Anerkennung und Dankbarkeit für die empfangenen Güter, Gnaden und Gaben sowohl im Himmel wie auf der Erde geliebt und geschätzt wird.«[74] Am Anfang des Exerzitien-Parcours steht also die Dankbarkeit.

Man muss sich die religiöse Sprache nicht unbedingt zu eigen machen, um Dankbarkeit als Grundhaltung einzuüben. Sie ist jedenfalls das erste Heilmittel gegen die Kommunikation im Aggressionsmodus. Dankbarkeit gibt dem Blick auf das eigene Leben und auf die Welt eine bestimmte Perspektive. Die Wahrnehmung des eigenen Lebens und der gesellschaftlichen Verhältnisse kann ja entweder im Ansatz defizitorientiert sein oder eben dankbarkeitsorientiert sein. Wer Defizite sucht, wird sie finden und damit Anlass genug haben, im Bitt-, Klage- oder Schimpfmodus weiterzumachen oder sich als Beobachter in die Distanz zum Leben zurückzuziehen. Wer aber Anlässe zur Dankbarkeit sucht, wird sie ebenfalls finden, nicht nur im persönlichen Leben oder in der religiösen Beziehung, sondern auch im Blick auf die Gesellschaft – Dankbarkeit für Menschen, die täglich ihren Beitrag zum Allgemeinwohl leisten; die in pflegerischen und erzieherischen Berufen Kompetenz mit menschlicher Wärme und Freundlichkeit verbinden; die politische Verantwortung in Kommunen, Ländern und im

Bund übernehmen; die unternehmerische Kreativität entwickeln; die sich für Gerechtigkeit einsetzen oder die ehrenamtlich in Vereinen und Kirchen den Zusammenhalt der Menschen vor Ort stärken.

Dankbarkeit weitet die Wahrnehmung. Das hilft gerade auch in Krisenzeiten, den Blick nicht auf die Defizitperspektive zu beschränken. Als die Straßen während des Coronalockdowns leer waren, richteten sich plötzlich dankbare Blicke auf die Fernfahrer und Fernfahrerinnen, die die Wirtschaft und den Konsum durch ihren Dienst am Laufen hielten. Besondere Zeiten sind eben immer auch besondere Gelegenheiten dazu, die Perspektive des Dankes durch den Blick auf Personengruppen zu erweitern, auf Berufe und Dienstleistungen, die allein schon deswegen nicht angemessen wertgeschätzt werden, weil man sie in der Regel gar nicht sieht. Populisten nutzen solche Zeiten aus, gerade um sich an diejenigen zu wenden, die sich nicht gesehen fühlen: »Donald Trump hat die Fähigkeit, Menschen, die sich unsichtbar fühlen, das Gefühl zu geben, gesehen zu werden.«[75] Sie machen sich damit aber einen Mangel zunutze, der auch in den gegenseitigen Beziehungen in der Gesellschaft herrscht. Man muss ihnen das Feld ja nicht überlassen, sondern kann es ihnen sogar streitig machen, indem man Danken und Wertschätzen praktiziert, ohne damit einen strategischen Nutzen für sich selbst zu verbinden.

Umdenken

Erst nach dem Danken, nicht vorher, thematisiert das Curriculum der Exerzitien den Ruf zur »Umkehr«. Der biblische Begriff der »metánoia« wird noch besser übersetzt mit »Umdenken«. Es geht bei der metánoia um die Veränderungen von Einstellungen, Stereotypen, Haltungen, nicht bloß um die Korrektur einzelner Fehler oder einzelnen Fehlverhaltens. Die Provokation des Gleichnisses vom barmherzigen Samariter lag und liegt ja darin, dass eine *Haltung* aufgedeckt wird, die blind macht. »Er sah ihn und ging weiter.« Wie kann diese Blindheit geheilt werden?

Wirklich in die Tiefe gehende »Wenden« gelingen nicht aus eigener Kraft. Natürlich gelingen auch sie nicht ohne eigenes Mittun. Aber das reicht nicht. Es braucht den äußeren oder inneren Anlass. Der Ruf zur metánoia ist im Evangelium mit dem Wort »kairós« verbunden: »Die *Zeit* ist da. Denkt um!« (Mk 1,15) »Zeit« kann hier auch mit »Gelegenheit« übersetzt werden. »Jetzt ist die Gelegenheit zum Umdenken!« Im Curriculum der Herzensbildung geht es in dieser Phase darum, den »kairós« überhaupt zu sehen, überhaupt mit ihm zu rechnen.

Sätze wie »Wir wachen in einer neuen Welt auf« oder »Nichts ist mehr so, wie es vorher war« kennzeichnen Wendezeiten. Es gibt persönliche und politische Wendeereignisse. Die Begegnung mit der Not eines anderen Menschen kann ebenso zu einer solchen Lebenswende führen wie eine Nachricht im Fernsehen. Der Samariter sieht die Not und lässt sich darauf ein. Damit muss noch nicht in jedem Fall eine grundlegende Korrektur im Selbstverständnis verbunden sein. Ignatius hat in dieser Phase des Curriculums aber eher den Fall im Blick, wo die Begegnung etwa mit der Not eines Menschen zu Selbstkorrektur führt, zu Konversion, Bekehrung. Ein Beispiel dafür findet sich im Bericht des UNO-Sonderberichterstatters für Folter, Nils Melzer, als er zum ersten Mal mit dem Fall Assange befasst wurde. Nur widerwillig ließ er sich im Dezember 2018 auf eine Mail ein, die bei ihm eintraf: »*Julian Assange is seeking your protection* … War das nicht der Gründer von Wiki-Leaks, dieser zwielichtige Hacker mit Lederjacke und weißen Haaren, der sich wegen Vergewaltigungsvorwürfen irgendwo in einer Botschaft versteckte? Wie aus dem Nichts erfüllte mich ein Strom abschätziger Gedanken und erzeugte eine beinahe reflexartige Ablehnung.« Ein Jahr später hat sich seine Einschätzung komplett gewandelt. Er diagnostiziert beim Umgang der unterschiedlichen staatlichen Behörden mit Assange »psychische Folter«. Gegen die Unterstellung, er trivialisiere den Folterbegriff, wendet er ein: »Angesichts der fehlenden Sachkompetenz sagt die Vehemenz dieser Kritik kaum etwas über die Objektivität meiner Untersuchung aus. Vielmehr ist sie damit zu erklären, dass das offizielle Narrativ über Assange in breiten Bevölkerungsschichten nach wie vor sehr stark emotional verankert ist. Ich sage das ohne jeden persönlichen Vorwurf, denn ich selbst hatte ja im Dezember 2018 genauso unbedacht und widerwillig auf Assanges erstes Interventionsgesuch reagiert.«[76]

Ignatius stellt in der ersten Etappe des Exerzitien-Parcours das Umdenken unter das Licht der Barmherzigkeit Gottes. Das Moment der Dankbarkeit schimmert als ständig begleitendes Motiv durch. Umdenken geht mit Selbsterkenntnis einher. Dazu gehört die Erkenntnis der eigenen Verstrickung in Denkmuster und eigenes moralisches Versagen. Eigene Irrtümer und eigene Schuld einzugestehen ist ein schmerzlicher Prozess, besonders dann, wenn nur Empörung und Verurteilung zu befürchten sind und die Chance zu einem neuen Anfang verwehrt scheint. Die Perspektive der Barmherzigkeit befreit hingegen zur Wahrheit, gerade auch zur bitteren Wahrheit über sich selbst. Gelingt dieser Schritt nicht, bleibt die Verzweiflung über sich selbst oder die Beschuldigung anderer, um diese statt sich selbst dem Pranger auszuliefern. Das wiederum steigert den aggressiven Aggregatzustand in einer Gesellschaft. Alles dreht sich nur noch um die Klärung von Schuldfragen. Umdenken braucht also die Zusage der Barmherzigkeit. Sie erst ermöglicht Reue sowie die Bereitschaft, ein gerechtes Urteil anzunehmen und Wiedergutmachung zu leisten. Umdenken im Modus der Selbstgerechtigkeit hingegen kann nicht gelingen.

Verantwortung

Die nächsten drei Etappen (zweite bis vierte »Woche«) lassen sich auch als eine Etappe zusammenfassen, in der es immer wieder zu Vorwärts- und Rückwärtsbewegungen kommen kann. Dass sie zusammengehören, zeigt sich daran, dass Ignatius für sie eigene »Regeln zu Unterscheidung der Geister« formuliert. Sie sind anders akzentuiert als die Regeln für die vorausgehende Etappe der Umkehr.

Ruf und Antwort

Metánoia des Herzens drängt zum nächsten Schritt: Handeln, Verantwortung übernehmen. In dem Wort »Verantwortung« steckt der Begriff »Antwort«. Bei Ignatius geht es um die Antwort auf Christi Ruf in die Nachfolge. Christus ist das Modell. Einerseits prägt die metánoia, die in der »ersten Woche« vollzogen wurde, die Haltung, in der der Ruf gehört wird. Andererseits wendet der Ruf auch den Blick der übenden Person von sich selbst weg hin zu einer Aufgabe, zu einer Handlungsmöglichkeit in der Nachfolge Christi. Der Ruf lädt ein, sich an einem Projekt zu beteiligen, an einer »Sendung«, wie im Evangelium formuliert wird.

Dieser Ruf muss – auch nach christlichem Verständnis – nicht explizit als Ruf Christi gehört werden: »Wann haben wir dich fremd und obdachlos gesehen und aufgenommen?« (Mt 25,38) So fragen die Personen im Gerichtsgleichnis den Weltenrichter, der sich ihnen als der Fremde und Obdachlose zu erkennen gibt, dem sie sich zugewandt haben, ohne ihn als solchen zu erkennen. Es könnte auch die Frage des barmherzigen Samariters sein, der sich dem Ausgeraubten und Geschlagenen zuwandte. Es gibt im Übrigen auch andere Situationen als Notsituationen, die »rufen«. Auch die Freude über ein neu geborenes Kind oder über eine durch glücklichen Zufall überstandene Gefahr kann rufen. Auf den Ruf der Situation zu hören und darauf zu antworten gehört jedenfalls zur allgemeinen Herzensbildung dazu. Wer nicht antwortet, bleibt im Curriculum stecken und fällt irgendwann auf Punkt null zurück.

Der Ruf Christi enthält bei Ignatius zwei Botschaften: »Mein Wille ist, die ganze Welt … zu erobern. Deshalb muss, wer mit mir kommen will, sich mühen …«[77] Einerseits betrifft die Sendung die ganze Welt. Andererseits bedeutet sie konkret: Mühe. Das eine ist das große Projekt, das andere ist die Umsetzung, die Mühe der Ebene. Das große Projekt begeistert, die kleinen Schritte der Umsetzung erfordern Ausdauer. Von der Struktur her entspricht das dem Motto des Club of Rome: »Think global, act local.« Einerseits ist der Blick auf die ganze Welt gerichtet, andererseits entsteht Verbindlichkeit nur im konkreten Engagement. Und das findet vor Ort statt, im Kleinen und Unscheinbaren. Wer Verantwortung übernimmt, stellt sich besser auf eine lange Strecke ein. Wer hingegen den Marathon mit einem Sprint beginnt, wird aller Wahrscheinlichkeit nach auf halber Strecke schlappmachen. Das ist in Zeiten des Beschleunigungsdrucks, in denen das schnelle Ergebnis erwartet wird, eine Herausforderung, an der sich Herzensbildung besonders bewähren muss.

Scheidung und Unterscheidung

Wer Verantwortung übernimmt, trifft Entscheidungen. Diese sind mit »Scheidungen« verbunden, mit Positionierungen. Positionierungen haben Konsequenzen. Wer sich selbst wie der Samariter für einen »Nächsten«, für ein Projekt, für ein Engagement, für einen Beruf »zum Nächsten« macht, kann sich nicht zugleich für alle anderen Belange gleich zuständig machen. Entscheidungen bringen Selbstbegrenzungen mit sich. Das ist eine erste Scheidung. Sie liegt in der Natur der Sache.

Ignatius verschärft den Aspekt der Scheidung dadurch, dass er die Freund-Feind-Differenz einführt: Hier das Banner Christi, dort das Banner Luzifers.[78] Die Dimension des Kampfes war ja im Ruf Christi schon angesprochen: Es geht um »erobern«, um Sieg. Darin liegt auch eine Falle. Denn Freund-Feind-Unterscheidungen ergeben sich keineswegs aus der Natur von Entscheidungen überhaupt, sondern aus Entscheidungen für bestimmte Werte und Haltungen. Die bloße Tatsache, dass ich angefeindet werde, ist noch kein Grund dafür, mich im Einsatz für das Gute zu wähnen. Genauso wenig kann der Geisterfahrer aus der Tatsache, dass ihm alle anderen Autos entgegenkommen, schließen, dass sie alle Geisterfahrer sind.

Die Unterscheidung zwischen Recht und Unrecht ist eine wertende Unterscheidung, die zwischen Täter und Opfer auch. Sie liegt aber in den allerwenigsten Fällen auf der Hand. Unrecht gibt sich meist auf die eine oder andere Weise als Recht aus. Täter präsentieren sich gerne als Retter, oder, wenn sie demaskiert werden, als Opfer. Die Faustregel aller Herzensbildung dazu lautet zunächst: Wenn sich Positionierung mit Hass verbindet, mit Verachtung, Aggression bis hin zu dem Versuch, den »Feind« moralisch und physisch zu vernichten, dann basiert sie auf einer Selbsttäuschung.

Unrecht geht selbstgerecht gegen die Feinde vor. Das gehört zum Wesen totalitärer Ideologien. Wenn es hier überhaupt einen Ausweg gibt, dann liegt er in der metánoia der »ersten Woche«, nicht in der Fortführung fruchtloser Debatten. Metánoia kann auch bei Ideologen gelingen. Prominentes neutestamentliches Beispiel für die komplette Veränderung des Mindsets eines religionspolitischen Fanatikers und Ideologen ist Paulus von Tarsus. Im vermeintlichen Dienst am Recht mordet er, bis ein äußerlich-inneres Ereignis ihn buchstäblich umwirft. Ganz anders übrigens als er wirkt sein Lehrer Gamaliel, der in einer Konfliktsituation unideologisch deeskaliert: »Wenn dieser Rat oder dieses Werk aus Menschen ist, so wird es zugrunde gehen; wenn es aber aus Gott ist, so werdet ihr sie nicht zugrunde richten können.« (Apg 5,38f) Von klugen Lehrern kann man nicht automatisch auf kluge Schüler schließen. Dem Begriff »Feind« nähere ich mich jedenfalls deswegen lieber von dem Phänomen der »Anfeindung« her. »Feind« ist diejenige Person, die mich anfeindet. Verantwortung zu übernehmen impliziert die Bereitschaft, die Mühen der Ebene auf sich zu nehmen und sich im Fall der Fälle auch Anfeindungen auszusetzen.

Anfeindungen können äußerlich und innerlich sein. Auch für die inneren Anfechtungen wählt Ignatius den Begriff des »Feindes«. »Es ist Gott und seinen Engeln eigen, in ihren Regungen wahre Fröhlichkeit und geistliche Freude zu geben, indem sie alle Traurigkeit und Verwirrung, die der Feind herbeiführt, entfernen. Und diesem ist es eigen, gegen die Fröhlichkeit und geistliche Tröstung zu streiten, indem er Scheingründe, Spitzfindigkeiten und ständige Trugschlüsse anwendet.«[79] Äußere und innere Anfeindungen kooperieren miteinander. Wenn ich wegen einer Entscheidung, die ich getroffen habe, von außen Gegenwind bekomme, kann mich das auch innerlich verunsichern. Die Entscheidung muss entweder zurückgenommen oder neu ratifiziert werden. Herzensbildung wächst dadurch, dass in diesen Prozessen eigene Erfahrungen gesammelt werden.

Positionierung und Eskalation

Mit absehbaren Anfeindungen lässt sich leicht umgehen. Sie lassen sich strategisch in die eigenen Entscheidung einpreisen. Schwieriger ist der Umgang mit den nicht eingepreisten Anfeindungen, mit überraschenden Störungen, mit den Überfällen und Verletzungen aus dem Off. Journalistinnen, die im Netz ständig beleidigt und verleumdet werden, kommen ins Grübeln über sich und ihre Berufswahl. Politikerinnen und Politiker, die im Wahlkampf krankenhausreif geschlagen werden, fragen sich, ob sie ihr Engagement noch verantworten können. Menschen ziehen sich aus der öffentlichen Debatte zurück, weil hasserfüllte Reaktionen sie überfordern. Eine Gesellschaft, die sich im Aggressionsmodus befindet, wird unberechenbar. Das Öffnen der Mailbox wird jeden Morgen neu ein Abenteuer, das an die Nerven geht.

Je mehr die Sprache und Tonalität eskalieren, umso mehr verheißt die Zuordnung zu dem einen Lager Sicherheit vor der Eskalation der anderen Seite. Das erscheint einerseits psychologisch unvermeidlich, trägt aber weiter zur Eskalation bei. Die Freund-Feind-Unterscheidungen verstärken sich in Meinungs- und Bestätigungsblasen. Der Ton der Debatten wird unversöhnlich, weil es mehr und mehr um Identität und Loyalität als um Wahrheit geht. Aus Debatten werden Schlachten, aus solchen Schlachten können Kriege werden. Das ist der Zustand der Gesellschaft im Aggressionsmodus. Es gibt nur noch Freund oder Feind.

Man entkommt den Anfeindungen und Spaltungen aber auch nicht, wenn man sich nur »neutral« positioniert. Im Verlauf des ignatianischen Parcours kann man ja nicht grundsätzlich auf Unterscheidung und Positionierung verzichten. Und diese bringen eben Anfeindungen mit sich. Der »Ruf« Christi verlangt eine Antwort. Manchmal kann es richtig sein, sich im Urteil zu »Freund« und »Feind« zurückzuhalten. Aber »neutrale« Positionierung können auch eine eskalierende Wirkung haben. Sie spielen den Tätern mehr als den Opfern in die Hände. Das Rechtsbewusstsein nimmt Schaden, wenn sich die zuständigen Autoritäten feige zurückhalten. Ein Journalist berichtet von einem Tortenangriff auf seine Person während einer öffentlichen Veranstaltung: »Mir steckte der Kuchen in den Ohren und in der Nase, er klebte auf der Lederjacke, der Hose. Ich pulte mir das aus dem Gesicht, damit ich was hören und wieder atmen konnte. Währenddessen kam ein Vertreter der Veranstaltung … nach vorne. Er ergriff ein Mikrophon und sagte – ich zitiere das jetzt aus dem Gedächtnis –, es sei wichtig, dass ›wir die Meinung dieser Menschen nicht ausgrenzen.‹«[80]

Es bleibt dabei: Einschreiten, sich in den Konflikt hineinbegeben kann unvermeidlich sein, zumal dann, wenn man in Verantwortung steht. Diese Erfahrung kennt das Evangelium: »Ich bin nicht gekommen, um Frieden zu bringen, sondern Spaltung. Denn von nun an wird es so sein: Wenn fünf Menschen im gleichen Haus leben, wird Zwietracht herrschen: Drei werden gegen zwei stehen und zwei gegen drei.« (Lk 12,51f) »Um zu« meint hier nicht die Absicht zu spalten, sondern die Tatsache, dass die Positionierung im Rückblick zu Anfeindungen mit spaltenden Wirkungen bis in die privaten Beziehungen hinein geführt hat. Die Spaltung kann aber nicht der Grund sein – jedenfalls nicht automatisch –, die Entscheidung zurückzunehmen. Nicht jede Positionierung, die eine spaltende Wirkung hat, ist deswegen schon ethisch falsch. Frieden gibt es nicht ohne die Bereitschaft, diejenigen Konflikte anzusprechen und auf sich zu nehmen, die dem Unfrieden zugrunde liegen.

Hochmut und Demut

Wie können also Verhärtungen und die Zersplitterung des öffentlichen Diskurses verhindert werden, wenn andererseits Positionierungen unvermeidlich sind? Ignatius empfiehlt dazu die Haltung der Demut. Ihr widmet er mehrere Übungen. Demut besteht für ihn in der Fähigkeit, Ja zu sagen zu dem Preis, den die Entscheidung kostet, und damit auch Ja zu dem Ruf in die Verantwortung, dem die übende Person gefolgt ist.[81] Das bedeutet auch, sich dabei nicht als Opfer[82] zu stilisieren, wenn es so weit ist, den Preis auch tatsächlich zu zahlen. Für diese Phase des Prozesses steht in der »dritten Woche« die Betrachtung des Kreuzes, genauer: die Betrachtung des Gekreuzigten, und *wie* er mit der Anfeindung bis zum bitteren Ende umgeht.

»Kreuz« steht zunächst metaphorisch für alle möglichen großen und kleinen Mühen und Anfeindungen, die eine Entscheidung für Nächstenliebe kosten kann. Das »tägliche Kreuz« (vgl. Mk 8,34) muss noch nicht das Kreuz von Golgata sein, Folter und Mord, Niederlage, Scheitern der Sendung, wie sie ursprünglich gedacht war. Es gibt auch keine Notwendigkeit, dass es zu dieser maximalen Herausforderung der übenden Person in ihrem Leben kommt. Gute Projekte können auch mal gelingen, Sendungen können auch mal ihr Ziel erreichen, Schwierigkeiten und Anfeindungen können überwunden werden. In seinem Curriculum empfiehlt Ignatius aber trotzdem, den Blick auf den maximalen Preis zu richten, der auf Golgata entrichtet wird, in der legitimen Hoffnung, ihn nicht entrichten zu müssen. Denn am

Extremfall wird besonders deutlich, in welcher Haltung der Preis gezahlt wird, und das kann wiederum zurückwirken auf die Art und Weise, in welcher Haltung die kleineren Preise im Alltag, in den Durststrecken und Widerständen, entrichtet werden können – eben in der Haltung der Demut, wie Ignatius sie versteht, und wie er sie vorbildlich im Gekreuzigten verkörpert sieht, nicht jammernd und schimpfend, sondern erhobenen Hauptes.

Christus reduziert sich nicht auf den Status des Opfers – selbst wenn er tatsächlich Opfer ist –, sondern bezahlt den Preis, weil er nach innerem Ringen Ja zu der Konsequenz seiner Lebensentscheidung und seiner Praxis sagt. Dafür, dass er den Preis zahlen muss, trägt nicht *er* die Verantwortung. Die tragen diejenigen, die ihn verurteilen und kreuzigen.[83] Aber trotzdem bleibt er darin Subjekt seines Lebens, nicht bloß Objekt. Auch das lässt sich in kleinerer Münze verallgemeinern und öffnet eine Perspektive. Und für den großen Preis gibt es vergleichbare Zeugnisse, über die man sich dem Gemeinten nähern kann: Sophie Scholl, die für ihren Mut zum Widerstand gegen die nationalsozialistische Diktatur hingerichtet wird; Nelson Mandela, der 27 Jahre als politischer Häftling einsitzt und das Gefängnis mit einer Versöhnungsbotschaft verlässt; Mahatma Gandhi, der gewaltfreien Widerstand mit gewaltsamem Tod bezahlt; Andrej Nawalny, der im Wissen um die Gefahr in seine Heimat zurückkehrt. In allen diesen bekannten und in vielen weniger bekannten Geschichten zeigt sich, dass im Erleiden der Konsequenzen der eigenen Entscheidung ein Ja steckt, das die Personen über den reinen Opferstatus erhebt.

Egal ob kleines oder großes Kreuz – jedes Ja dazu ist auch mit innerem Ringen verbunden, mit Rückblick, neuerlicher Ratifizierung oder eben Rücknahme der anfänglichen Entscheidung. Gesteigerte äußere Anfeindung löst gesteigerte innere Anfeindung aus. Sich mit ihr zu befassen ist sozusagen die Königsdisziplin der Herzensbildung. Ignatius trifft dazu eine grundlegende Unterscheidung: Demut besteht nicht darin, den Preis der Anfeindung aktiv zu suchen oder zu provozieren. Selbstgewählte Anfeindung und der daraus resultierenden Stolz (»Viel Feind, viel Ehr«) heißen bei Ignatius »falsche Demut«, eine gesteigerte Form des Hochmutes. Friedrich Nietzsche hat die Verwechslung von Hochmut mit Demut mit großer Schärfe gesehen: »Wer sich selbst erniedrigt, will er erhöht werden«, ätzt er gegen die falsche Demut.[84]

Niederlage und Sieg

Das Curriculum der Herzensbildung schließt, wie eingangs erwähnt, mit der »Betrachtung zu Erlangung der Liebe«. Liebe ist die Basiskompetenz des gebildeten Herzens. Vorgelagert zu dieser letzten Betrachtung ist noch die »vierte Woche«: die Betrachtung des Auferstandenen. Die Betrachtung eines Sieges soll die Basiskompetenz stärken. In der Ohnmacht liegt eine Macht, die siegreich ist – so der Gedanke. Die Niederlage am Kreuz wandelt sich in einen Triumph. Der Lohn für den gezahlten Preis wird eingefahren.

Aber wie ist dieser »Sieg« zu verstehen? Wie ist er als ein Sieg zu verstehen, der sich vom Sieg eines »bösen Feindes«

unterscheiden lässt? Hat am Ende der »Feind der menschlichen Seele« nicht doch gesiegt, wenn er das Herz in die Falle eines »Sieges« führt, der eigentlich *sein* Sieg über das Herz ist? Gibt es denn einen Triumph ohne Beimischung von Verachtung, Hass und Rache? Wie lässt sich verhindern, dass das Kreuz doch wieder zum Symbol von Eroberung und Unterdrückung wird, wozu es ja immer wieder wurde? Kann man ein Churchill sein, der Hitler kompromisslos bekämpft und besiegt, ohne dabei selbst zum Monster zu werden? Kann man der Gerechtigkeit zum Sieg verhelfen, ohne dabei die Gerechtigkeit mit den Füßen zu treten? Bertolt Brechts Klage enthält eine Mahnung, die hier passt: »Auch der Haß gegen die Niedrigkeit / Verzerrt die Züge. / Auch der Zorn über das Unrecht / Macht die Stimme heiser. Ach, wir / Die wir den Boden bereiten wollten für Freundlichkeit / Konnten selber nicht freundlich sein.« Ist mit der Feier eines Sieges das Herz doch wieder in der binären Freund-Feind-Logik gelandet? Verhält es sich nicht vielmehr so, dass nur die totale Annahme der Ohnmacht das Opfer von dem Verdacht freisprechen kann, über den Anderen siegen zu wollen, weil man ihn eben doch verachtet? Muss man schließlich nicht doch auf jegliches Reden von Kampf, Sieg und Niederlage verzichten, wenn man die Nächstenliebe leben will?

Man kommt mit dieser Frage auch nicht weiter, wenn man die Auflösung der Paradoxie von Macht und Ohnmacht komplett in das Jenseits verlagert. Zur Herzensbildung gehört hier und jetzt die Offenheit für einen Jubel, in dem sich Auflösung der Paradoxie wenigstens schon andeutet. Ohnmacht ist mehr als nur Ohnmacht, wenn sie bejahte Ohnmacht ist. Das Herz kann den Vorgeschmack der Auferstehung schon vor dem Einzug in den Himmel schmecken. Das lässt sich natürlich auch bestreiten. Wenn man das tut, dann muss man wohl spätestens an dieser Stelle den Parcours der ignatianischen Herzensbildung verlassen. Es bleibt dann nur noch die völlige Ohnmacht als Maximalpreis für den Ernstfall der Nächstenliebe. Die Meditation der »vierten Woche« würde jedenfalls ins Leere laufen, wenn es nicht wenigstens den Vorgeschmack eines möglichen Sieges in der irdischen Gegenwart geben kann. Die Begegnung mit »dem Auferstandenen« wäre dann nur, wenn überhaupt, das Privileg einiger Männer und Frauen, die in den Dreißigerjahren nach der Zeitenwende in Jerusalem lebten – eine mirakulöse Erscheinung, die sich jeglicher Verifikation entzieht. Man müsste dann versuchen, sie anders, im Sinne der »Logik des Verstandes« zu erklären: Überwindung einer traumatischen Erfahrung, Abschied vom Realitätsprinzip, oder wie auch immer.

Hoffnung auf eine finale Gerechtigkeit für die Opfer von Unrecht ist ein starker Impuls zum Handeln. Er motiviert zugleich, dem innergeschichtlichen Drängen auf Gerechtigkeit so zu folgen, dass die Gelassenheit der Unterscheidung im Sinne des Gebetes von Reinhold Niebuhr dabei möglich bleibt: »Gott, gib mir die Gelassenheit, Dinge hinzunehmen, die ich nicht ändern kann, den Mut, Dinge zu ändern, die ich ändern kann, und die Weisheit, das eine vom anderen zu unterscheiden.« Hoffnung hilft dazu, auch dann im Marathonmodus zu bleiben, wenn man das Ziel doch lieber im Hier und Jetzt durch einen Sprint erreichen will – und es dadurch verpasst. Ignatius drückt das in einem weiteren Paradox aus, das ich mit zwei Imperativen ergänze: »Vertraue so auf Gott, als ob alles von dir und nichts von Gott abhinge – aber vertraue! Und handle so, als ob alles von Gott und nichts von dir abhinge – aber handle!« Hoffnung basiert auf Vertrauen. Drängendes Handeln und gelassene Hoffnung sind kein Gegensatz. Gerechtigkeit kann erkämpft und zugleich geschenkt sein.

Der französische Schriftsteller Emmanuel Carrère versteht sich ausdrücklich als nichtgläubiger Mensch, der seinen Glauben unwiederbringlich verloren hat. Darüber hat er ein ganzes Buch mit dem Titel *Das Reich Gottes* geschrieben. Jüngst hat er eine eindrucksvolle Reportage über den »V13-Prozess« verfasst. Am Freitag, dem 13. November 2015 (Vendredi 13), wurde Frankreich von den Terroranschlägen auf die Pariser Konzerthalle Bataclan, auf die Caféterrassen im Osten der Stadt und vor dem Stade de France erschüttert, wo das Länderspiel Frankreich-Deutschland ausgetragen wurde. Die Anschläge rissen 130 Menschen in den Tod. Der V13-Prozess begann sechs Jahre nach dem grauenvollen Attentat und dauerte von September 2021 bis Juni 2022. Carrères Reportage wird als »Wunder der Literatur« gefeiert. »Am Ende der langen Nacht steht dieses mächtige Buch, dessen Lektüre aufklärt, versöhnt und befreit.« In dem Bericht ist tatsächlich zum Schluss etwas zu spüren von der Feier nach einem langen Weg, einem Weg, der nicht in der Selbstsicherheit einer platten Logik der Unterscheidung zwischen Guten und Bösen durchschritten wurde, und der doch zu einem Sieg führte. Die Schwäche des Rechtsstaates lag und liegt in seiner Stärke. Dieses Paradox am Ende eines langen Weges ist ein Grund zu feiern.[85] Da klingt eine säkulare Variante des Jubels der »vierten Woche« an, dem sich mein Herz jedenfalls nicht verschließen will.

Es gibt Siege, die Niederlagen sind. Dafür steht bekanntlich die Rede vom Pyrrhussieg. König Pyrrhus soll nach seinem Sieg über die Römer in der Schlacht bei Asculum 279 v. Chr. gesagt haben: »Noch einen solchen Sieg über die Römer, dann sind wir vollständig verloren.« Pyrrhussiege kann es auch im Privaten geben. Es gibt Streitigkeiten, die man zwar gewinnt, aber doch verliert, weil man eigentlich nicht im Recht ist, sondern sich bloß durchgesetzt hat. Und umgekehrt gibt es Niederlagen, die Siege sind, weil man im Recht ist, obwohl man kein Recht bekommen hat: Es mag sein, dass ich mit fliegenden Fahnen untergegangen bin, aber noch schlimmer wäre es gewesen, wenn ich erst gar nicht gekämpft hätte. Es mag umgekehrt Situationen geben, in denen es richtig ist, erst gar nicht zu kämpfen; einen Konflikt *nicht* anzusprechen; ein Unrecht an mir geschehen zu lassen, ohne dass ich mich wehre. Aber äußere Untätigkeit muss noch nicht Selbstaufgabe, innere Kapitulation bedeuten. Dafür gibt es die anderen Situationen, in denen es tatsächlich besser ist zu kämpfen und zu verlieren, als gar nicht zu kämpfen. Es gibt schwere Begegnungen, denen ich mich *nicht* entziehe, weil der Vermeidung der Begegnung ein inneres Einknicken entsprechen würde. Hier gilt dann eher der Zweizeiler des Angelus Silesius, der ganz den Sinn der Betrachtung der »vierten Woche« trifft: »Auf, auf, Soldat, zum Streit! Dir wird ja lieber sein / Die Ruhe nach dem Sieg, als nach der Ruh die Pein.«[86]

Am 20. Februar 2021 sprach Andrej Nawalny vor dem Moskauer Stadtgericht, einen Monat nachdem er aus Moskau zurückgekehrt und festgenommen worden war. »Wissen Sie, die Burschen, die den Gefangenentransport bewachen, sind tolle Jungs, und meine Wächter im Gefängnis sind auch okay – aber sie reden nicht mit mir. Es wurde ihnen wohl verboten. Sie sagen nur gelegentlich etwas Dienstliches. Und das ist eben auch so eine Sache, damit ich mich ständig einsam fühle. Aber das wirkt bei mir nicht. Und ich kann sagen, warum. Dieses *Selig sind, die da hungern und dürsten nach Gerechtigkeit, denn sie sollen satt werden* – das mag ja exotisch oder komisch klingen, aber in Wirklichkeit ist das aktuell die bedeutendste politische Idee in Russland. Sagen Sie doch selbst, Euer Ehren. Es gibt in Russland so einen politischen Slogan, den populärsten überhaupt, wie heißt er noch mal? Helfen Sie mir aus: Wo liegt die Kraft? (Pause) Richtig, Kraft liegt in Gerechtigkeit. Das ist ein Satz, den alle zitieren. Und es ist ja genau das Gleiche – das gleiche Gebot, nur ohne diesen altmodischen Schnickschnack. Die gleiche Essenz, auf Twitter-Länge komprimiert. Und das ganze Land wiederholt es: Kraft liegt in Gerechtigkeit. Wer Wahrheit und Gerechtigkeit hinter sich hat, wird siegen.«[87]

SCHLUSSBEMERKUNG

Ich habe versucht, mich dem Thema der Bildung auf eine andere Weise zu nähern, als dies in den bildungspolitischen Diskursen üblich ist. Im ersten Teil ging es mir darum, den Begriff der »Herzensbildung« als eine Form der Wahrnehmungskompetenz einzuführen. Im zweiten Teil wollte ich, vom pädagogischen Nutzenparadox ausgehend, das Panorama aufmachen, wo und wie die Paradoxie im pädagogischen Alltag für Herzensbildung förderlich wirkt, wenn die Spannung geachtet wird. Bildung kann nur in Freiheit gelingen. In einem System wie Schule verbindet sie sich aber mit unvermeidlichen Machtkonstellationen und Zwängen. Deswegen muss gerade bei der Schule genau hingeschaut werden, wenn dort das Anliegen der Herzensbildung auf die Eigenlogik des Systems trifft.

Im dritten Teil ging es mir darum, über den Tellerrand des Bildungssystems hinauszublicken auf die gesellschaftlichen Diskurse: Wie und warum sind sie auf Herzensbildung angewiesen? Im letzten Teil habe ich versucht, die ignatianischen *Geistlichen Übungen* als ein Curriculum der Herzensbildung vorzustellen. Dabei ging und gehe ich davon aus, dass das Curriculum an säkulare Diskurse anschlussfähig ist. Mein persönliches Verhältnis zur Herzensbildung ist natürlich religiös. Aber die Ressourcen der christlichen Mystik können auch einer religiös weniger musikalischen Öffentlichkeit zugänglich gemacht werden. Es häufen sich ja in letzter Zeit die Rufe aus der säkularen Gesellschaft an die Adresse der Kirchen, sie mögen angesichts der gegenwärtigen Krisen ihr Wissen teilen. Ich hoffe, ich konnte dem Anliegen ein wenig genügen.

Literatur

Aristoteles, Nikomachische Ethik, Düsseldorf 2007, X,7,117b5

Joachim Bauer, Die Bedeutung der Beziehung für schulisches Lernen und Lehren, in: Pädagogik 7–8/10, S. 6 ff.

Joachim Bauer, Realitätsverlust. Wie KI und virtuelle Welten von uns Besitz ergreifen – und die Menschlichkeit bedrohen, München 2023

Schalom Ben-Chorin, Bruder Jesus. Der Nazarener aus jüdischer Sicht, München 1977

Michael Bordt, Die Kunst sich selbst auszuhalten. Ein Weg zur inneren Freiheit, Hamburg 2020

Annika Brockschmidt, Amerikas Gotteskrieger. Wie die religiöse Rechte die Demokratie gefährdet, Hamburg 2021

Emanuel Carrère, V13. Die Terroranschläge in Paris. Gerichtsreportage. Aus dem Französischen übersetzt von Claudia Hamm, Berlin 2023

Cicero, De Oratore, Stuttgart 1976

Deutsches PISA-Konsortium (Hg.), PISA 2000, Basiskompetenzen von Schülerinnen und Schülern im Vergleich, Opladen 2000

Fjodor Dostojewski, Die Brüder Karamasow, Gutenberg-Edition 16

Norbert Franz, Der Tod Alexej Nawalnys. Das Gesagte und das Ungesagte, in: Stimmen der Zeit 4/2024, S. 243–247

John Hattie, Lernen sichtbar machen, überarbeitete deutsche Ausgabe, besorgt von Wolfgang Beywl und Klaus Zierer, München 2013

Thomas Hobbes, Leviathan I, Hamburg 2005

Ignatius von Loyola, Briefe und Unterweisungen, übersetzt von Peter Knauer, Würzburg 1993

Ignatius von Loyola, Geistliche Übungen und erläuternde Texte, Leipzig 1978

Walter Jens, Mein Lehrer Ernst Fritz, zitiert nach Heinz-Elmar Tenorth, Die Rede von Bildung, Berlin 2020

Immanuel Kant, Kritik der reinen Vernunft in: Werke in sechs Bänden, Bd. II, Darmstadt 1964

Immanuel Kant, Metaphysik der Sitten in: Werke in sechs Bänden, Bd. IV, Darmstadt 1964

Immanuel Kant, Über Pädagogik, in: Werke in sechs Bänden, Bd. VI, Darmstadt 1966

Jochen Kautz, Ware Bildung, München 2007

Steven Levitsky und Daniel Ziblatt, Wie Demokratien sterben. Und was wir dagegen tun können, München 2018

Nils Melzer, Der Fall Julian Assange. Geschichte einer Verfolgung, München 2021

Klaus Mertes, Sein Leben hingeben. Suizid, Martyrium und der Tod Jesu, Würzburg 2010

Klaus Mertes, Wie aus Hülsen Wörter werden, Ostfildern 2018

Klaus Mertes/Johannes Siebner, Schule ist für Schüler da. Warum Eltern keine Kunden und Lehrer keine Eltern sind, Freiburg 2010

Friedrich Nietzsche, Menschliches, Allzumenschliches I, 87, Werke in zwei Bänden, München 1967

Amoz Oz, Lieber Fanatiker – drei Plädoyers, Berlin 2018

Blaise Pascal, Pensées, Heidelberg 1978

Hartmut Rosa, Demokratie braucht Religion, 9. Auflage, München 2023

Angelus Silesius, Cherubinischer Wandersmann, Glatz 1675

Peter Steinbach/Johannes Tuchel, Georg Elser. Der Hitler-Attentäter, Berlin 2010

Fridolin Stier, Das Neue Testament, München 1989

Thomas Straubhaar, Humankapital. Devisenquelle der Zukunft, zitiert nach Jochen Kautz, Ware Bildung, München 2007

Wilfried Stroh, Latein ist tot, es lebe Latein, München 2007

Was konnten sie tun? Widerstand gegen den Nationalsozialismus 1939–1945. Eine Ausstellung der Stiftung 20. Juli 1944 in Zusammenarbeit mit der Gedenkstätte Deutscher Widerstand.

Franz E. Weinert (Hg.), Leistungsmessungen in Schulen, Basel 2001

Franz E. Weinert, Vergleichende Leistungsmessungen in Schulen – eine umstrittene Selbstverständlichkeit, in: ders. (Hg.), Leistungsmessungen in Schulen, Basel 2001

World Bank, Priorities and Strategies for education. A World Bank Review, Washington 1995

Anmerkungen

1 Übersetzung von Fridolin Stier, Das Neue Testament, München 1989.

2 »Der Mensch, der von Jerusalem nach Jericho zieht, fällt in die Hand der Räuber … Nun zieht ein Priester vorbei, der offenbar von Jericho nach Jerusalem hinaufzieht, um dort im Tempel Dienst zu tun.« Schalom Ben Chorin, Bruder Jesus. Der Nazarener aus jüdischer Sicht. München 1977, S. 86. Ich unterlasse hier die Diskussion der Einwände gegen diese Deutung. Ganz sicher gilt, dass die Bestattung der Toten auch im Judentum höchste Pflicht ist. Und es bleibt zu bedenken, dass die Richtung des Weges in der Erzählung nicht von Jericho nach Jerusalem geht, sondern von Jerusalem nach Jericho. Sicher ist aber auch, dass sowohl im Evangelium als auch in der prophetischen Tradition Israels die Vorordnung kultischer Reinheit vor tätiger Nächstenliebe immer wieder scharf kritisiert wird.

3 Ebd., S. 87.

4 Blaise Pascal, Pensées, Heidelberg 1978, Nr. 277, S. 141.

5 Das lateinische Wort lautet »sapere«. Sapientia (Weisheit) ist Frucht von reflektierter, »verkosteter« Lebenserfahrung.

6 Lateinisch: motus – oder auch: spiritus = Geister.

7 Ignatius von Loyola, Geistliche Übungen (GÜ): Drei Zeiten für eine gesunde Wahl (GÜ 175–188). Für Ignatius haben im Übrigen alle drei »Wahlzeiten« eine theologische Dimension. Der Geist Gottes spricht durch Vernunft, durch »Bewegungen« im Herzen, und durch unmittelbare Eingebung.

8 Peter Steinbach/Johannes Tuchel, Georg Elser. Der Hitler-Attentäter, Berlin 2010, S.163.

9 Cicero definiert Hass als »alt gewordene Wut« – ira inveterata.

10 Vgl. Was konnten sie tun? Widerstand gegen den Nationalsozialismus 1939–1945. Eine Ausstellung der Stiftung 20. Juli 1944 in Zusammenarbeit mit der Gedenkstätte Deutscher Widerstand.

11 FAZ, 9.11.2024.

12 Zur Unterscheidung von »victim« und »sacrifice«: Ein »sacrifice« wird mehr oder weniger freiwillig dargebracht, wenn z. B. der Gottheit zu Ehren ein Tier geschlachtet wird oder wenn man auf eine Sache zu Gunsten einer anderen Sache verzichtet. Hingegen ist »victim«, wer Opfer eines Verbrechens wird. Zum »victim« wird man unfreiwillig gemacht. Beide Begriffe werden im Deutschen mit »Opfer« übersetzt.

13 FAZ, 9.11.2024.

14 Ebd.

15 Amoz Oz, Lieber Fanatiker. Drei Plädoyers, Berlin 2018, S. 37 f.

16 Ignatius von Loyola entfaltet die Methode in Nr. 66–70 seiner Geistlichen Übungen in der »Höllen-Betrachtung«. Die »Anwendung der Sinne« ist allerdings nicht auf dieses dunkle Thema beschränkt.

17 GÜ 314.

18 Melanchthon verbindet diesen alten Gedanken mit dem Stichwort der *»studia humanitatis«* von Cicero: »Was glaubt ihr, war die Absicht bei den alten Lateinern, dass sie die Redekünste (Poesie, Rhetorik) *humanitas* genannt haben? Ihr Urteil war offenbar, dass durch das Studium dieser Disziplin nicht nur die Zunge geschliffen, sondern auch die Rohheit der Gemüter gebremst wird.« Vgl. Wilfried Stroh, Latein ist tot, es lebe Latein«, München 2007, S. 200 ff.

19 An vielen kirchlichen Schulen ist es in den letzten Jahren üblich geworden, nicht nur *neben*, sondern *statt* eines Betriebspraktikums ein Sozialpraktikum in das Curriculum einzubauen.

20 Aristoteles, Nikomachische Ethik, X,7,1177b5.

21 »Otium cum dignitate«, vgl. Cicero, De Oratore I,1f.

22 Andreas Schleicher in der Online-Ausgabe des ZDF-Magazins *Terra X*, 8.11.2023 – bemerkenswert deswegen, weil m. E. gerade die OECD mit ihrem an den Interessen des Arbeitsmarktes zugespitzten Bildungsbegriff eine erhebliche Mitverantwortung für die nun beklagte Misere trägt.

23 Unter »Humankapital« wird die Summe der wirtschaftlichen Fähigkeiten, Kenntnisse und auch Verhaltensweisen der Erwerbsbevölkerung in einer Volkswirtschaft verstanden.

24 In der Produktionswirtschaft wird mit »output« der mengenmäßige Ertrag beschrieben. Vor dem Hintergrund der schlechten Ergebnisse aus den internationalen Vergleichsstudien hat ein Wechsel von der

input-orientierten zur output-orientierten Steuerung des Bildungssystem stattgefunden. Output bezeichnet hier Lernergebnisse der Schüler. Die Steuerung erfolgt mittels Standards, Vergleichsarbeiten und Evaluation. Im Gegensatz zu früheren Studien, in denen in erster Linie Investitionen in die Bildungspolitik berücksichtigt wurden, interessiert man sich nun mehr für die effiziente Nutzung der Ressourcen und die damit verbundenen »Bildungserträge«.

25 Deutsches PISA-Konsortium (Hg.), PISA 2000, Basiskompetenzen von Schülerinnen und Schülern im Vergleich, Opladen 2000, S. 21.

26 Ebd., S. 17.

27 Vgl. Deutschlandfunk-Interview, 30.10.2023.

28 Straubhaar Thomas, Humankapital. Devisenquelle der Zukunft, zitiert nach Jochen Kautz, Ware Bildung, München 2007, S. 116.

29 »An orientation towards output means that priorities in education are determined through economic analysis, standard setting an measurement of attainment of standards« (World Bank, Priorities and Strategies for education. A World Bank Review, Washington 1995, S. 94).

30 Franz E. Weinert, Vergleichende Leistungsmessungen in Schulen – eine umstrittene Selbstverständlichkeit, in: ders. (Hg.), Leistungsmessungen in Schulen, Basel 2001, S. 27.

31 Vgl. https://homepages.fh-giessen.de: volition

32 Immanuel Kant, Kritik der reinen Vernunft, A 805/B 833.

33 Blaise Pascal, Pensées, Nr. 34, Heidelberg 1978, S. 202.

34 »Im Reiche der Zwecke hat alles entweder einen Preis oder eine Würde. Was einen Preis hat, an dessen Stelle kann auch etwas anders als Äquivalent gesetzt werden; was dagegen über allen Preis erhaben ist, mithin kein Äquivalent verstattet, das hat eine Würde. Das aber, was die Bedingung ausmacht, unter der allein etwas Zweck an sich selbst sein kann, hat nicht bloß einen relativen Wert, sondern einen inneren Wert, d. i. Würde.« Immanuel Kant, Metaphysik der Sitten, BA 77 und 66/65.

35 »Der Wert oder die Würde eines Menschen besteht vor allem anderen in seinem Preis, das heißt in dem, was ihm für die Benutzung seiner Kraft gegeben wird, und ist deswegen nicht absolut, sondern abhängig vom Bedürfnis und vom Urteil eines anderen. Und wie bei anderen Dingen, so auch beim Menschen bestimmt der Käufer den Preis und nicht der Verkäufer.« Thomas Hobbes, Leviathan I, S. 57.

36 Zur Ehrenrettung der Wölfe sei hingewiesen auf: https://www.zooroyal.de/magazin/allgemein/woelfe-und-menschen-soziale-strukturen/

37 Immanuel Kant, Metaphysik der Sitten, BA 77.

38 Sinus-Studie Jesuitenschulen: https://www.jesuiten.org/news/sinus-studie-an-lernenden-schulen-hat-bildung-eine-zukunft

39 Fjodor Dostojewski, Die Brüder Karamasow, Teil 1, Buch 2, Kapitel 2.

40 Mehr dazu siehe: Klaus Mertes/Johannes Siebner, Schule ist für Schüler da. Warum Eltern keine Kunden und Lehrer keine Eltern sind, Freiburg 2010.

41 John Hattie, Lernen sichtbar machen, überarbeitete deutsche Ausgabe, besorgt von Wolfgang Beywl und Klaus Zierer, München 2013

42 Andreas Schleicher, a. a. O.

43 https://www.vox.com/2017/2/16/14640460/mark-zuckerberg-facebook-manifesto-letter

44 Joachim Bauer, Die Bedeutung der Beziehung für schulisches Lernen und Lehren, Pädagogik 7–8/10, S. 6 ff.

45 Joachim Bauer, Realitätsverlust. Wie KI und virtuelle Welten von uns Besitz ergreifen – und die Menschlichkeit bedrohen, München 2023, S. 31.

46 Bauer, ebd., S. 132.

47 https://lexikon.stangl.eu/28841/praeventionsparadox

48 Vgl. Michael Bordt, Die Kunst sich selbst auszuhalten. Ein Weg zur inneren Freiheit, Hamburg 2020.

49 Die Auseinandersetzung um die Frage nach dem konfessionell gebundenen Religionsunterricht, in Kooperation mit kirchlichen und anderen Trägern veranstaltet, soll hier nicht weiter debattiert werden. Die Einführung des neuen Fachs in Berlin führte bekanntlich im Gegenzug zu der Initiative »Pro Reli«, die im April 2009 im Volksentscheid unterlag.

50 Bezirksamt Neukölln, Pressemitteilung vom 9.9.2021.

51 Darstellung des Projekts in der Vorabversion für das Bezirksamt Neukölln, Dezember 2021.

52 https://www.bmfsfj.de/bmfsfj/service/publikationen/16-kinder-und-jugendbericht-162238

53 Ebd., S. 28.

54 Ebd., S. 58.

55 Vgl. Annika Brockschmidt, Amerikas Gotteskrieger. Wie die religiöse Rechte die Demokratie gefährdet, Hamburg 2021.

56 Ein Abgeordneter im Berliner Abgeordnetenhaus äußerte sich am 22. Mai 2008 kritisch über den Rahmenplan für den evangelischen Religionsunterricht, worin das Lernziel formuliert wird, Schüler sollten im Religionsunterricht lernen, die Frage nach Gott zu stellen. »Es mag in Regionen, z. B. im Süden Deutschlands, noch üblich sein, dass man ein solches Lernziel in der öffentlichen Schule nicht besonders in Frage stellt. Aber in einer aufgeklärten, liberalen und mehrheitlich säkular orientierten Stadt wie Berlin kann ein solches Lernziel doch nicht ernsthaft Teil des staatlichen Curriculums sein.«

57 Kant, Über Pädagogik, in: Werke in sechs Bänden, Bd. VI, Darmstadt 1966, S. 710 (A 32).

58 https://www.hf.uni-koeln.de › data › lebama › File

59 Walter Jens, Mein Lehrer Ernst Fritz, zitiert nach Heinz-Elmar Tenorth, Die Rede von Bildung, Berlin 2020, S. 316.

60 https://www.news4teachers.de/2013/03/groseinsatze-der-polizei-abi-feiern-laufen-zunehmend-aus-dem-ruder/

61 David Brooks, Interview NZZ, 31.1.2024.

62 Hartmut Rosa, Demokratie braucht Religion, 9. Auflage, München 2023.

63 Steven Levitsky und Daniel Ziblatt, Wie Demokratien sterben. Und was wir dagegen tun können, München 2018, S. 115.

64 Ebd., S. 195.

65 Ebd., S. 136.

66 Levitsky/Ziblatt beziehen sich bei diesem Begriff auf den britischen Juristen James Bryce (1838–1922)

67 Ebd., S. 116.

68 GÜ 230.

69 GÜ 1.

70 GÜ 15.

71 Zur Methodik der »Unterscheidung der Geister« entwickelt Ignatius in den Exerzitien Regeln, vgl. GÜ 313–336.

72 Siehe »Abhandlung über den Zorn«, in: Klaus Mertes, Wie aus Hülsen Wörter werden, Ostfildern 2018, S. 149 ff.

73 GÜ 43.

74 An Simao Rodrigues, 1542, abgedruckt in: Ignatius von Loyola, Briefe und Unterweisungen, übersetzt von Peter Knauer, Würzburg 1993, S. 23.

75 David Brooks, a. a. O.

76 Nils Melzer, Der Fall Julian Assange. Geschichte einer Verfolgung, München 2021, S. 24, 90.

77 GÜ 95.

78 GÜ 136ff.

79 GÜ 139.

80 »Jetzt weiß ich, wo du wohnst«, Interview mit Constantin Schreiber, Die Zeit, 14.9.2023, S. 20.

81 GÜ 146.

82 Wie bereits im ersten Teil ausgeführt: Das deutsche Wort »Opfer« benutze ich im Sinne von »victim«, nicht von »sacrifice«. Ein »sacrifice« wird mehr oder weniger freiwillig dargebracht – wenn z. B. der Gottheit zu Ehren ein Tier geschlachtet wird, oder wenn man auf eine Sache zu Gunsten einer anderen Sache verzichtet. Hingegen ist »victim«, wer Opfer eines Verbrechens wird. Zum »victim« wird man unfreiwillig gemacht.

83 Vgl. dazu: Klaus Mertes, Sein Leben hingeben. Suizid, Martyrium und der Tod Jesu, Würzburg 2010.

84 Friedrich Nietzsche, Menschliches, Allzumenschliches, I, 87.

85 Emanuel Carrère, V13. Die Terroranschläge in Paris. Gerichtsreportage. Aus dem Französischen übersetzt von Claudia Hamm, Berlin 2023.

86 Angelus Silesius, Cherubinischer Wandersmann, VI, 62.

87 Zu den Hintergründen und Subtexten in dieser Ansprache siehe: Norbert Franz, Der Tod Alexej Nawalnys. Das Gesagte und das Ungesagte, in: Stimmen der Zeit 4/2024, S. 243–247.